SHEETS

AM ENDE BLEIBT UNS NUR EIN BETTLAKEN

Für Tante Shary und Onkel Joe

SHEETS

AM ENDE BLEIBT UNS NUR EIN BETTLAKEN

Brenna Thummler

CROCU

Alles der Reihe nach aufzulisten, was ich hasse, ist gar nicht so leicht. Aber ich kann mit Bestimmtheit sagen, dass Schmutzwäsche und Gespenster beide auf Platz 1 liegen.

Normal
Vorwäsche
Pflegeleicht
Buntwäsche
Feinwäsche
Weißwäsche
Express
Hygiene+
Spülen
Abpumpen
FERTIG VERSCHLOSSEN
Schmutzwäsche, weil
sie furchtbar real ist.
Gespenster, weil
sie's nicht sind.

Wenn es sie gäbe (was nicht der Fall ist), wären sie dann etwas weniger sichtbare Menschen?
Bei denen man nie sicher ist, ob sie wirklich da sind?
Etwa so, als würde jemand unter Wasser schwimmen. An der Oberfläche sieht man nur Schemen.
Und wenn man nah genug dran ist ...
... hat man die Augen zu.

GLATTS WÄSCHEREI
GESCHLOSSEN
Manchmal hab ich das Gefühl,
noch weniger sichtbar zu sein.

Cola

Die Finster Bay Charter School wird zurzeit von vielen Geistern heimgesucht.
TRYOUTS
Für mich sehen sie aus wie zerdrückte Marschmallows.
BIBLIOTHEK
Bedrohlich wirken sie vermutlich nur auf die Werbeagenturen der Schaumzuckerindustrie.

Denkt dran, es muss zu Halloween passen. Klar, Ethan?
Fragt mich nicht, wie eine Geistergeschichte zu einem Geschichtsaufsatz passt …
… aber meine Klasse hat die letzte halbe Stunde alles über Sichtungen in Pennsylvania gelesen.
Klick mal bei dem!
Mrs. Friedhof, der sieht aus wie Ihr Mann.
Da steht, seine Frau hätte ihn vergiftet und dann als Vogelscheuche benutzt.
Nicht schlecht, Mrs. Friedhof!

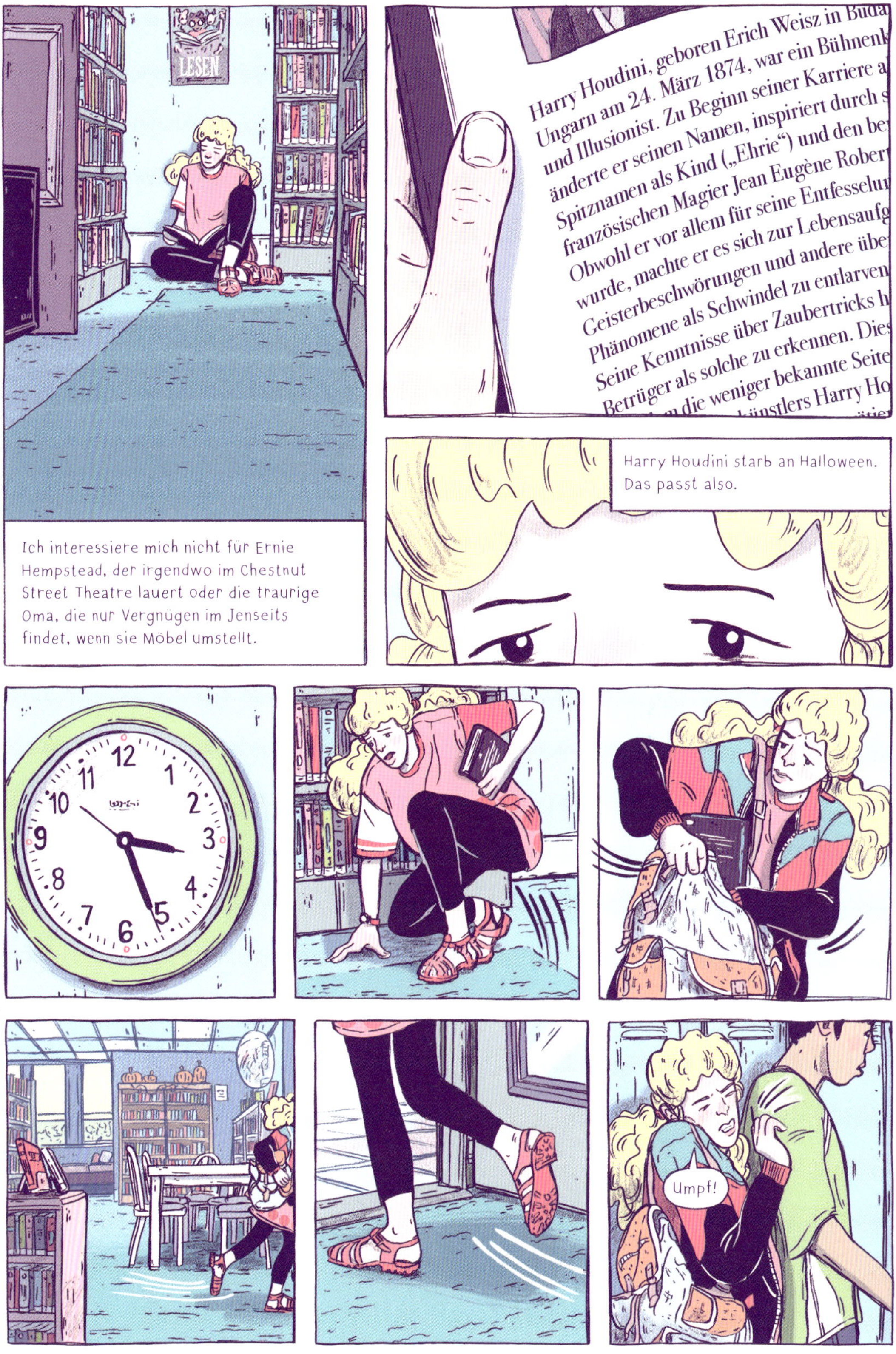
LESEN
Harry Houdini, geboren Erich Weisz in Buda
Ungarn am 24. März 1874, war ein Bühnenk
und Illusionist. Zu Beginn seiner Karriere a
änderte er seinen Namen, inspiriert durch s
Spitznamen als Kind („Ehrie“) und den be
französischen Magier Jean Eugène Rober
Obwohl er vor allem für seine Entfesselun
wurde, machte er es sich zur Lebensaufg
Geisterbeschwörungen und andere übe
Phänomene als Schwindel zu entlarven
Seine Kenntnisse über Zaubertricks h
Betrüger als solche zu erkennen. Dies
die weniger bekannte Seite
ünstlers Harry Ho
Ich interessiere mich nicht für Ernie Hempstead, der irgendwo im Chestnut Street Theatre lauert oder die traurige Oma, die nur Vergnügen im Jenseits findet, wenn sie Möbel umstellt.
Harry Houdini starb an Halloween. Das passt also.
Umpf!

Äh ...
S...
sorry.
Die Damenwelt kämpft ganz schön um deine Aufmerksamkeit, Colton.
Die werden schon aggressiv.
haha!
haha!
FINSTER BAY

tick
tick
tick
HANK'S
GLATTS WASCHEREI
GESCHLOSSEN
Da ist sie.
Endlich.

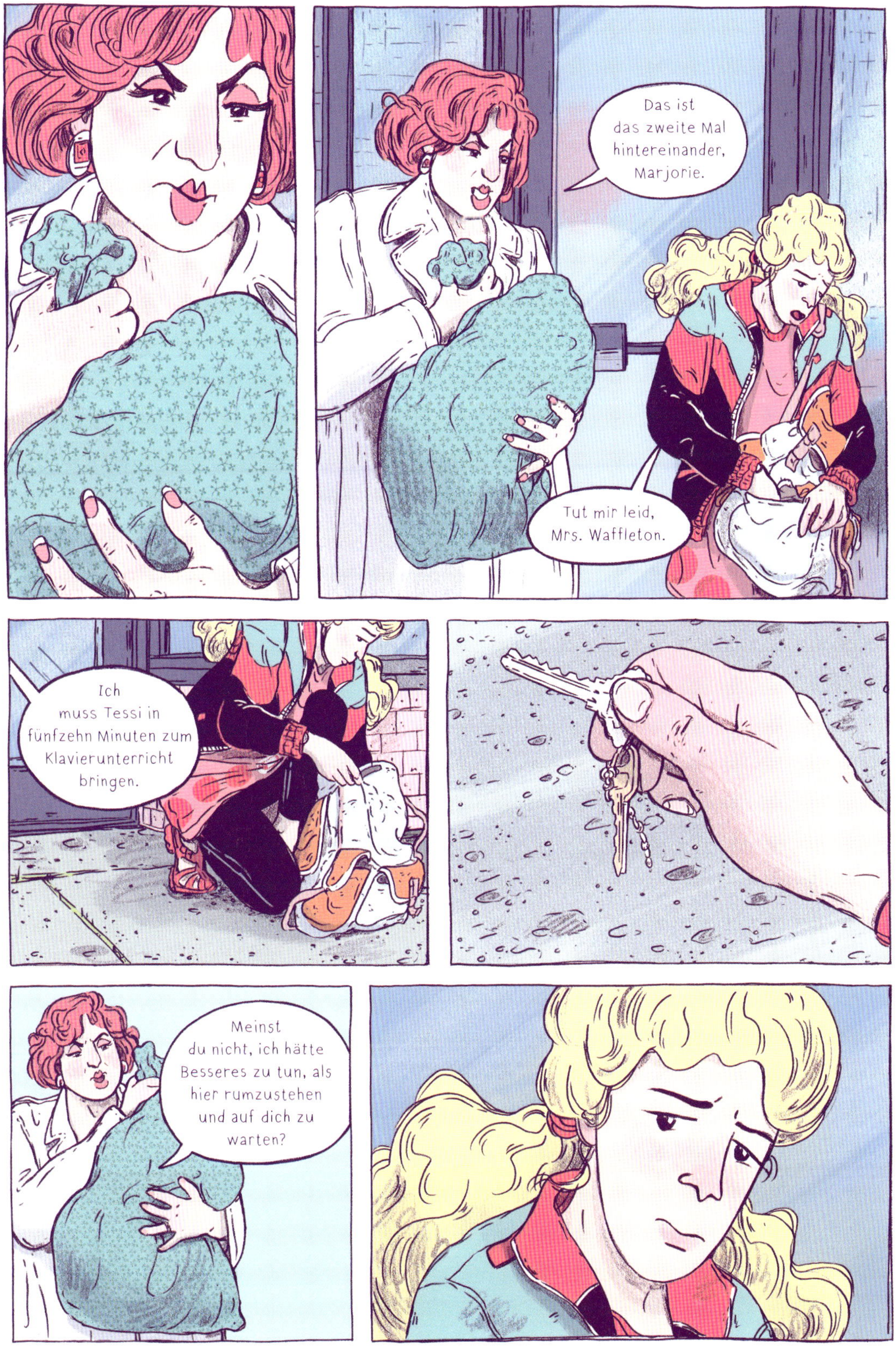
Das ist das zweite Mal hintereinander, Marjorie.
Tut mir leid, Mrs. Waffleton.
Ich muss Tessi in fünfzehn Minuten zum Klavierunterricht bringen.
Meinst du nicht, ich hätte Besseres zu tun, als hier rumzustehen und auf dich zu warten?

Tessi Waffleton sieht immer aus wie ein Präsentkorb zum Thema „Frühling“.
Aber einer, mit dem man jemandem einen Streich spielt, weil er zwar hübsch aussieht, aber voller Rasierklingen und Würmer ist.
Passiert nicht noch mal, versprochen.
LATTS WÄSCHEREI
shhhhhhhhhhhhhhhhhhhhhhhhh

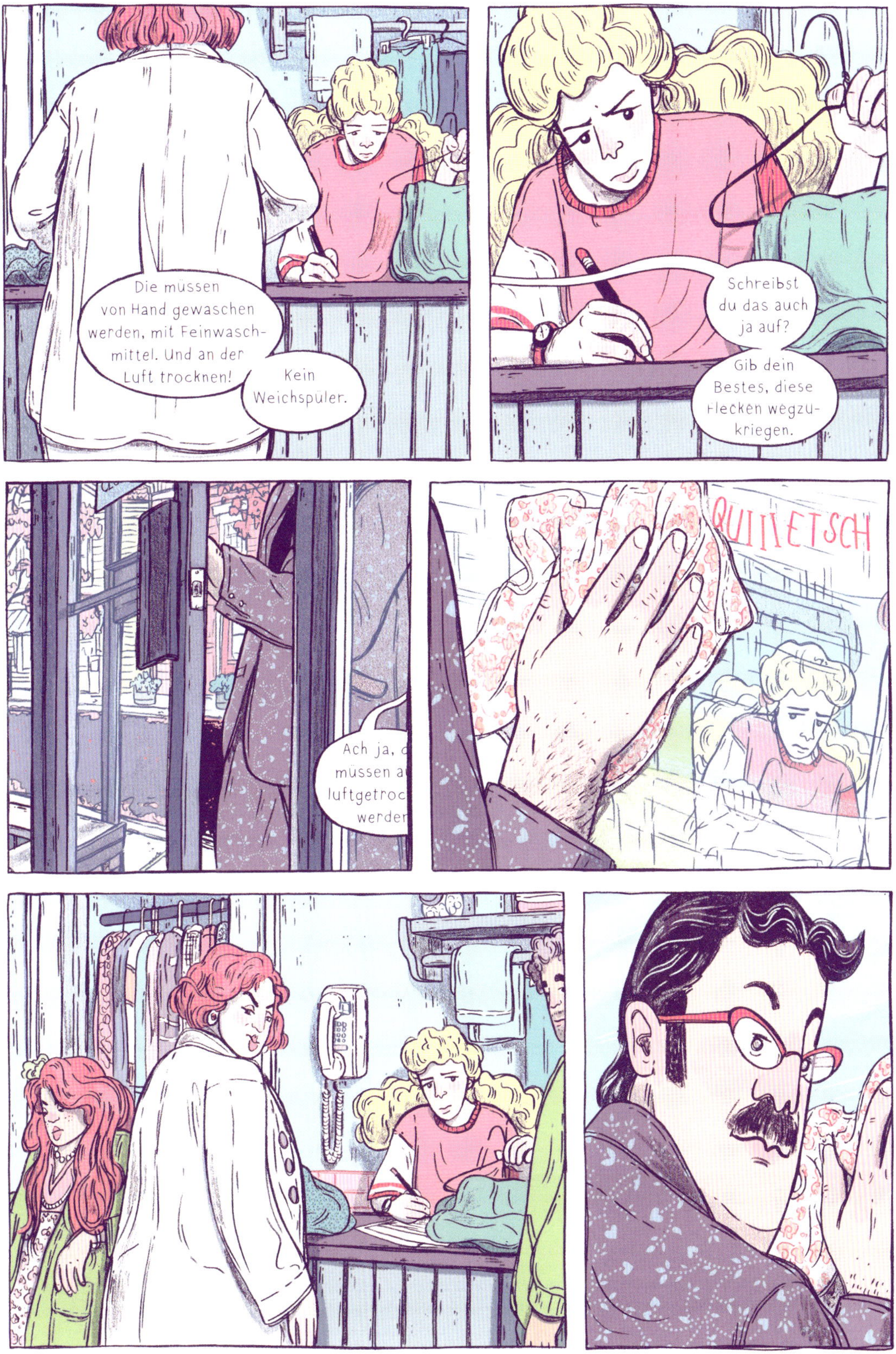
Die müssen von Hand gewaschen werden, mit Feinwasch-mittel. Und an der Luft trocknen!
Kein Weichspüler.
Schreibst du das auch ja auf?
Gib dein Bestes, diese Flecken wegzu-kriegen.
Ach ja, d
müssen a
luftgetroc
werden
QUIIIETSCH

Della's Laundry
MAID-RITE
Nicht stören lassen!
Ich dachte, der Laden könnte etwas Zuwendung vertragen.
Ich bin mir ziemlich sicher, Mr. Saubertuck ist davon überzeugt, dass unser Waschsalon die Pest zurückbringen wird.
SEUFZ.
Er trägt die Bazillen in der Tasche rum.
GESCHLOSSEN

Tja, nun, ich kam nicht umhin zu bemerken, dass Sie erneut ein klitzekleines bisschen zu spät waren, Miss Glatt.
Ich hab noch was be...
Halt!
Als vermögender und respektierter Geschäftsmann möchte ich vorschlagen, dass Sie sich wohl besser abgewöhnen, Ihre Kundinnen und Kunden zu enttäuschen.
Haben Sie Wäsche für mich?
Ein kleines Mädchen führt ein Geschäft?
Glucks!
Ich wollte nur mal schauen.
Ich geh dann jetzt.
GESCHLOSSEN

GESCHLOSSEN
Mom hat Glatts Wäscherei eröffnet, als sie gerade neunzehn war.
Damals hieß sie noch „Wäscherei Dellaway“– was echt viel besser klingt.
Aber dann traf sie Dad und verlor die Fähigkeit, rationale Entscheidungen zu treffen.

Knarz
Er war natürlich ein treuer Kunde, aber das waren die meisten.
Sie ist im Frühjahr gestorben und Dad irgendwie auch.
Noch ist er zu 100 % sichtbar, wenn auch leicht verblasst.
poch poch
Dad?

Warum ist Dad immer so müde?
Ich dachte, an schlechten Tagen trinkt er immer seinen Spezial-kaffee.
Owen ist grad erst in die Vorschule gekommen
Er versteht das noch nicht.
Knaaaarz

Manche Tage sind ganz okay.
He, Kumpel. Wie war die Schule?
Der Rasenmäher hat Kevins Schuhe kaputtet ...
Kaputt gemacht.
... und er musste sich so pelzige Schlappen leihen – in Lila.
Dann haben wir das F gelernt – wie „flauschig" und „Füße" – und mussten ihn immer wieder schreiben. Bestimmt tausend Mal.
Aber ich hab lieber Kevin gemalt. Wegen seiner flauschigen Füße.
Fand er nicht gut.
Dann gab es Fiesta Pizza.
Na so was.
Marj?
War okay.

HOUDINI

VOTE

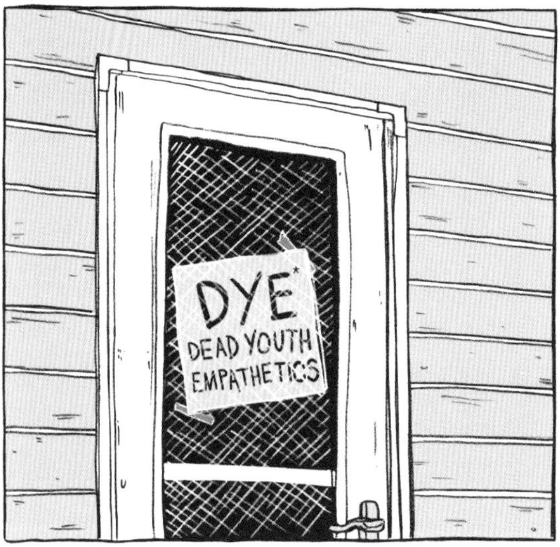

* GTK – Gesprächskreis toter Kinder

Wendell, möchtest du der Gruppe vielleicht etwas mitteilen?
Mhm, Travis, ich ...
... kann jetzt erzählen, wie ich gestorben bin.
Oh, wunderbar.
Es begann damit, dass ich von Mutanten-Piraten entführt wurde.
Also schön.

Meine Mom hat Verbrecher beobachtet, und mein Dad hat sie in zwei Hälften zersägt, weil er ein Zauberer war.
Sie haben die wilden Freibeuter gar nicht bemerkt, die hinter unserem Haus an Land gegangen sind.
AUFGEBEN
Ein riesiges Schiff in eurem Garten – und keiner hat's bemerkt?
Nein.
Es war ein Kanu.
In Ketten gelegt umsegelte ich die Welt. Es gab nur eine einzige Scheibe Brot …
… nicht mal mit Butter!
Bis ich in der Nähe von Afrika über Bord springen konnte.
Ich schleppte mich zu Fuß in die Serengeti, wo ich mich einem Stamm afrikanischer Trommler anschloss.

NICHT
AUFGEBEN
Ach, bitte. Du warst nie in der Serengeti.
Und ob!
Es reicht, Penelope.
Was machen denn Trommler in der Serengeti?
AUFGEBEN
Sie ... spielen für die Tiere.
Ach ja? Was für Musik denn?
Na ja ... die, äh ...
„Mondscheinsonate".
Auf Trommeln?
AUFGEBEN
Wie spielt man die „Mondscheinsonate" auf Trommeln?
Sie hatten auch andere Instrumente!
Wendell, um Himmels Willen, komm endlich zum Ende.

Nun, wie sich zeigte, interessieren sich Löwen nicht so für Beethoven.
Ich sollte den Löwenbändiger geben.
Aber ich war noch geschwächt, also ...
... konnte ich nur ein paar abwehren.
Der Löwenkönig war brutal ...
... und so ...
... bin ich ...
Gestorben.

MY CAT
Schön, das war's für heute.
Einen Applaus für Wendell und seine Geschichte.
NICHT DEN GEIST

Klar komm ich mit ins Badehaus.
Teddy, du auch?
Du kannst auch gern mitkommen.
Sie haben ein Geisterklar mit neuem Duft: „Vage Vanille".
Soll besser sein als „Flüchtiger Flieder".
Du kennst Geisterklar, oder?
Ähh ...
Geister-shampoo? Das unsere Flecken entfernt?
Laken sind nicht wie Haut, Kumpel.

Wendell,
kommst du oder
nicht?
Ins Badehaus?
Ja.
Das Haus mit den
vielen Bädern.
Ich, öhm,
kann nicht. Hab
was vor.
Noch ein Trip
nach Afrika zu den
Löwen?
Kommt
schon.

SCHEIN-
SPIELPLATZ
zupf

Wählt
COCO

Marjorie!
KLIRR
T... tut mir leid.
HAHA!

hehe
hehe
rub
Hab nicht viel ge-schlafen.
Der Wind war so laut.
Ich hole den Besen.
Lass es.
Mach ich später.
Kevin kriegt sicher neue Schuhe, oder? Weil er 'ne Mom hat.

KNALL
klink
kling
klink
klink
kling
klink
Mom hat mir mal verraten, was sie an diesem Haus so geliebt hat.

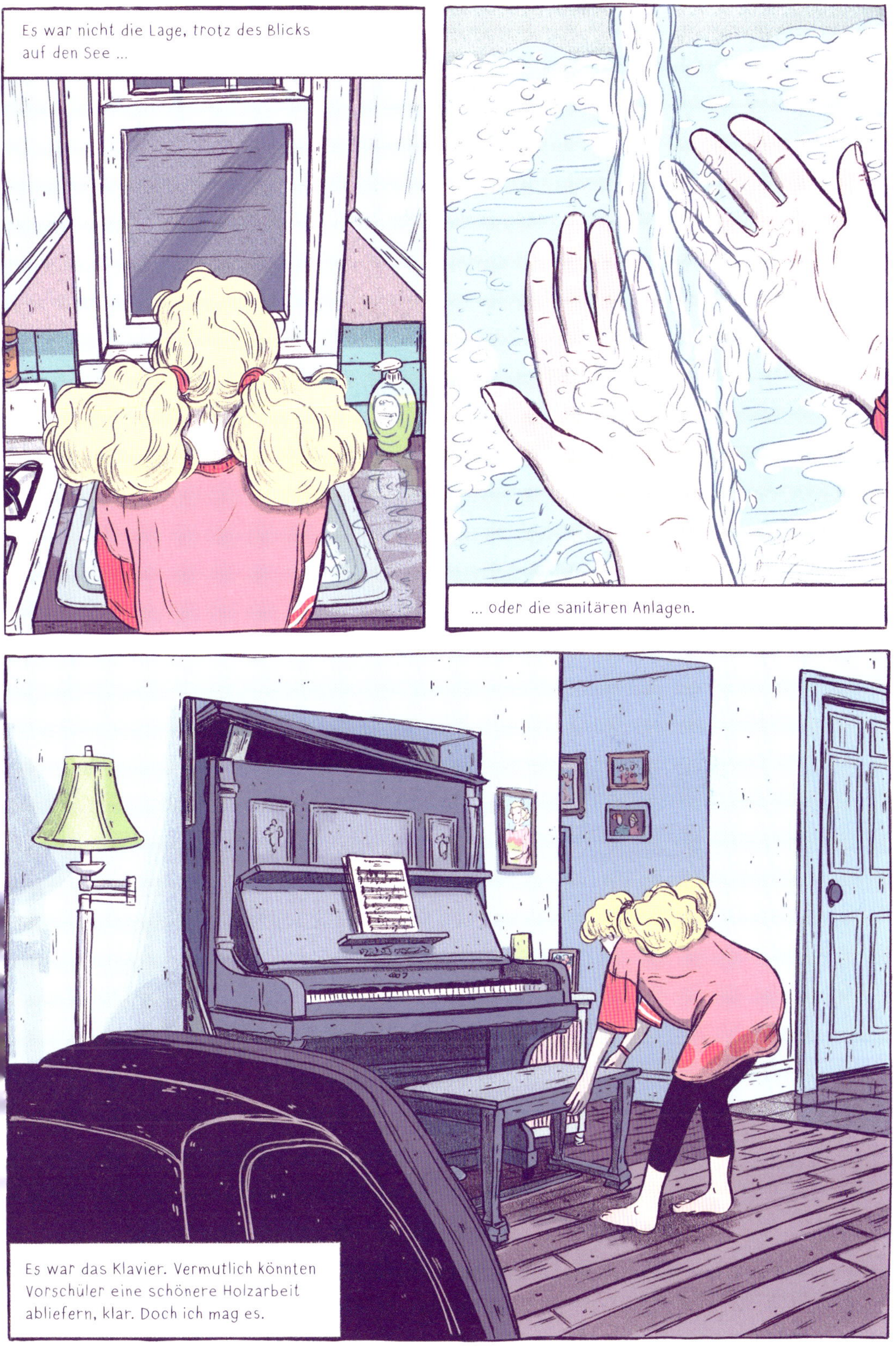
Es war nicht die Lage, trotz des Blicks auf den See ...
... oder die sanitären Anlagen.
Es war das Klavier. Vermutlich könnten Vorschüler eine schönere Holzarbeit abliefern, klar. Doch ich mag es.

MONDSCHEINSONATE
(First Movement)
Becker Bros

DEUTSCHLAND
KNALL

WARNUNG
AUFENTHALT VERBOTEN
zupf
Wendell?

Wo willst du hin?
Wo willst *du* hin?
WARNUNG
Ich geh nirgends hin.
Ich wurde von 'nem Zug erwischt.
Das ist nicht umkehrbar.
Falls du hoffst, noch mal vom Zug erwischt zu werden, wirst du nur noch toter sein.
Wenn man tot ist, ist man tot.
Übertot gibt es nicht.

Ich will nirgendwohin, Baby Timmy.
Warum hängst du dann hier rum?
Ich warte auf jemanden.
Wen?
mmgh
Meine Freundin, ähm, Candice.
Sie ist an gebrochenen Herzen gestorben – und zwar meinetwegen.
Und sie kommt heute Nacht.
Ist dieser Zug nicht verboten?
Außer für Notfälle oder Beschwörungen?
Nicht heute.
Darf ich mit dir warten?
Nein, geh weg.
Ich sag auch keinen Ton!
tschugga
tschugga
tschugga
Whiiiiiiiiiiiiiiii

whiiiiiiiiiiiiii
Das wird ein emotionales Wiedersehen.
Ich bin ein *Romantiker*.
tschugga tschugga tschugga tschugga tschugga
Das soll ein besonderer Moment werden. Also lass uns ***bitte*** einfach in Ruhe!
tschugga tschugga tschugga
iiiiii iiiiiii

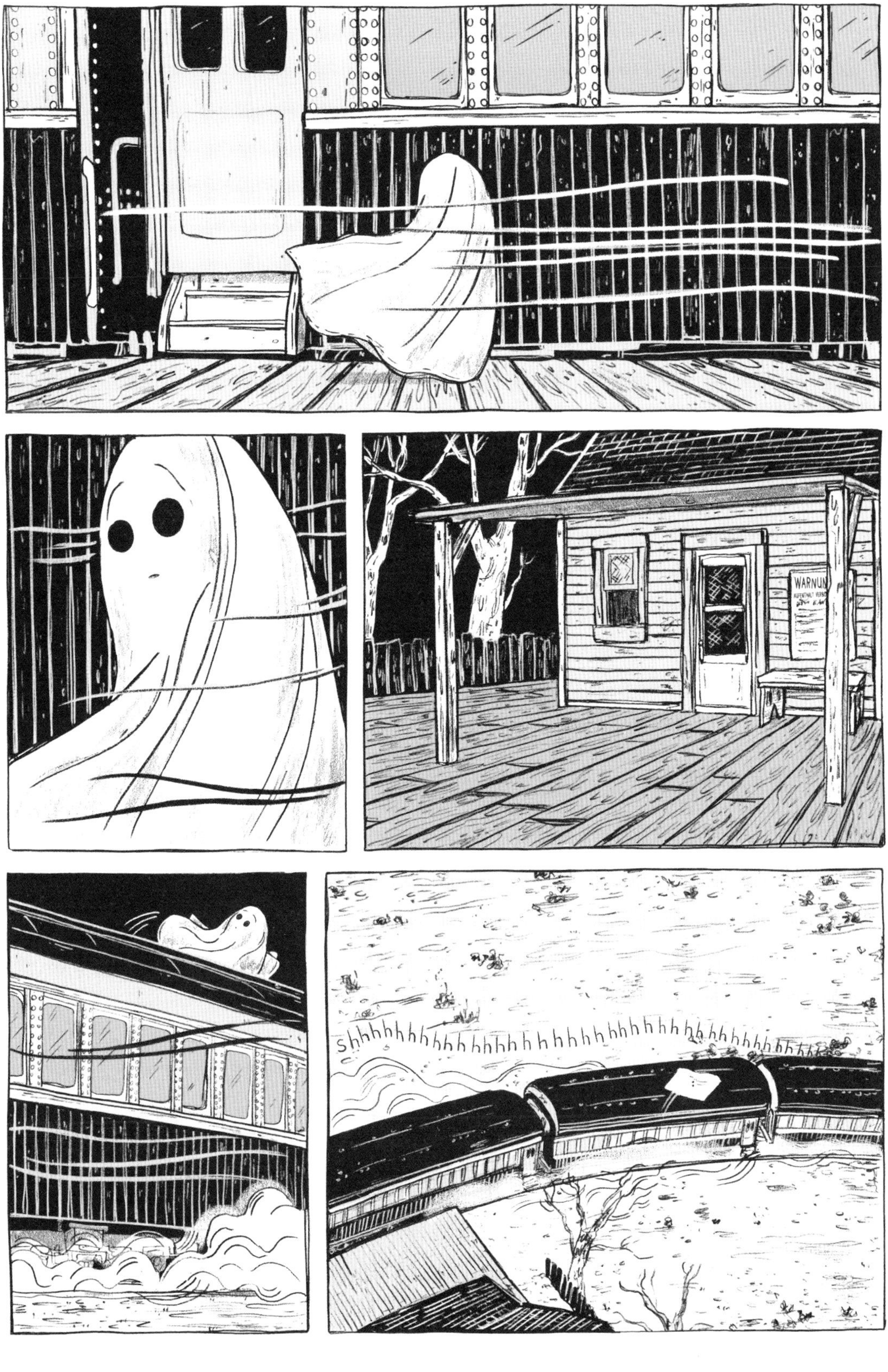
Shhhhhhhhhhhhhhhhhhhhhhhhhhhhhhhhhhhhhh

zitter
zZzzzZZzZzz
zZZzzzzz
zZZzzzzz
zzzzzzzzZZ
zZZ
knaarz
press

Äh, Mr.
Saubertuck?
Was
machen
Sie in unserer
Wäscher...
SHHH.

Wie kommen Sie hier rein?
Euer Ersatzschlüssel lag hinter dem lockeren Ziegel.
Oh, natürlich, klar.
Wir machen aber erst heut Nachmittag auf.
Euer Geschäft interessiert mich nicht. Es geht hier um meins.

Bitte?
Hab ich nicht von meinem Fünf-Sterne-Luxus-Wellness-und-Yoga-Resort erzählt?
Die erstklassige Erholung für Körper und Seele …
… zu famosen Preisen?
Ganz genau, meine Wenigkeit wird die nur allerbesten Yoga-Kurse anbieten.
Ja, endlich wird die Welt einen Ort für luxuriöse Verschnaufpausen kennen …
… um Geist und Seele zu reinigen.

DER KOPF DAHINTER
„Etwas Großartigeres, ja, Fantastischeres wird man nirgendwo finden – im ganzen Universum nicht!"
— eine sehr wichtige Person
uck hatte schon immer eine
r Entspannung und Kerzenlicht.
s, einen Ort zu schaffen, an dem andere
genießen können und mehr!
cks Fünf-Sterne-Luxus-Wellness-und-
ort ist der perfekte Ort, um Geist und
reinigen – zu famosen Preisen.
Gemeinsam üben wir uns in der Kunst des Stretchings, des Atmens, der Gelassenheit, der Meditation, der Whirlpool-Nutzung und der Tiefenentspannung. Sie werden all diese Dinge ganz neu kennenlernen – ihnen näher kommen als in Ihren wildesten Tagträumen. Sie werden sich besser fühlen, als Sie für möglich gehalten haben. Es wird das reine Vergnügen. Lesen Sie auch unsere Empfehlungen auf der Rückseite!
Spa, Pool, Sauna, Seidenroben, Whirlpool, Lotionen und Öle, magische Aromen, Massagetherapie, aus Asien importierte Steine, salzige Luxussalze, Hot Yoga, Cold Yoga, Mediation und noch vieles mehr!
Erwachsene sind gut darin, schreckliche Sachen toll erscheinen zu lassen.
Manche schneiden Gemüse so, dass es wie kleine Tiere aussieht oder verstecken es in der Lasagne. Mr. Saubertuck verwendet Phrasen wie „den Geist reinigen" – was vermutlich in Wirklichkeit auf eine Gehirntransplantation rausläuft.
Äh, okay?
Du könntest ruhig enthusiastischer sein, Fräulein. Ich habe nämlich wunderbare Neuigkeiten.

schnüff, schnüff
Übergebt mir diesen Laden, dann dürft ihr alle in meinem Resort arbeiten.
Du kriegst auch ein eigenes Zimmer und einmal im Monat eine Yoga-Stunde gratis.
Bei dem Meister.
Bei *mir*.
Mhm, ich glaub eher nicht.
fzzzzz

Oh, doch.
Wie soll ich sonst mein Fünf-Sterne-Luxus-Wellness-und-Yoga-Resort erschaffen?
Das Grundstück eurer Wäscherei wäre der ideale Ort, Zuckerstück.
Es gibt Zugang zum Strand ...
Da ist gar kein Strand.
Papperlapapp! Aber bald.
Außerdem ist gegenüber Miss Keckseys kleine Bäckerei.
Und ich liebe ihre Zimtplätzchen.
Mjam, mjam.
Also, abgemacht?

Ich denk drüber nach.
Disneyland!
Was?
Streichelzoos! Die Hautpflegeserie von „Femme Féroce"!
Die besten Unternehmen haben **zufriedene** Kundinnen und Kunden.
Keine **verständnisvollen.**
Meinst du, eine Sechsjährige lenkt Disneyland? Sechsjährige können so was nicht!
Ich kenn mich aus.
Da musst du zustimmen.

Ich sagte, ich denk drüber nach.
Ja, natürlich.
In aller Ruhe, Miss Glatt.
Schlüssel?
Aber wir wissen beide, dass nicht mehr viel Zeit bleibt, nicht wahr?

War das nicht der Yoga-Typ?
Saubertuck?
Ich muss auch mit Yoga anfangen.
Wann ist das?
Marj, ich weiß, ihr habt noch zu, aber ist meine Jacke fertig?
Ist für die Arbeit.
Mmhm.
Tja, ich weiß nicht.
Hast du schon irgendwas über den Laden gehört?
Schau! Hier sind ein paar Broschüren.

Hä?
SAUBERTUCK'S
5-Sterne
Luxus-Wellness-und-Yoga-Resort
Greifen Sie zu!
Danke, Marjorie!
MAID-RITE
FNET

Mom?
Wo ist dein Lieblingsort?
Genau hier, Marjie.

Hier?
Natürlich!
Schmutzige Wäsche, faulige Seeluft, ein hinreißend hässliches rosa Haus ...
... geht es noch besser?
Eben. Furchtbar.
Aber es ist unser Zuhause, Schatz. Wenn du so was hast, willst du nirgendwo anders mehr hin.

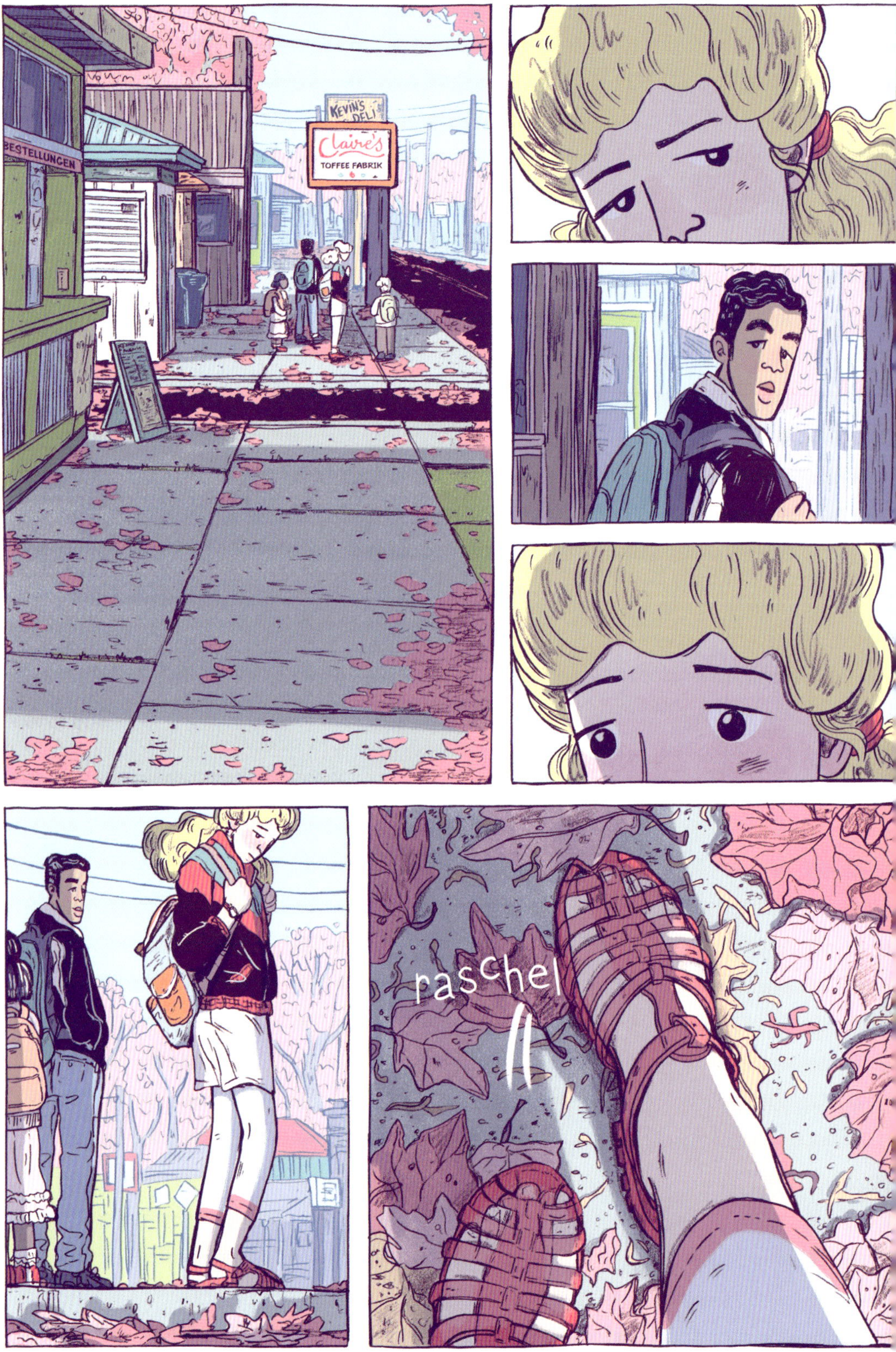
BESTELLUNGEN
KEVIN'S DELI
Claire's
TOFFEE FABRIK
raschel

Am Steuer von Bus 27 sitzt „Garnelen-Gumbo“.
BABY BLUE
SCHOOL BUS
27
STOP
SCHOOL BUS
Nicht besonders helle und müffelt immer, wie ein Tellerwäscher im Fischrestaurant wohl riechen muss.
Huhu.
Hi.

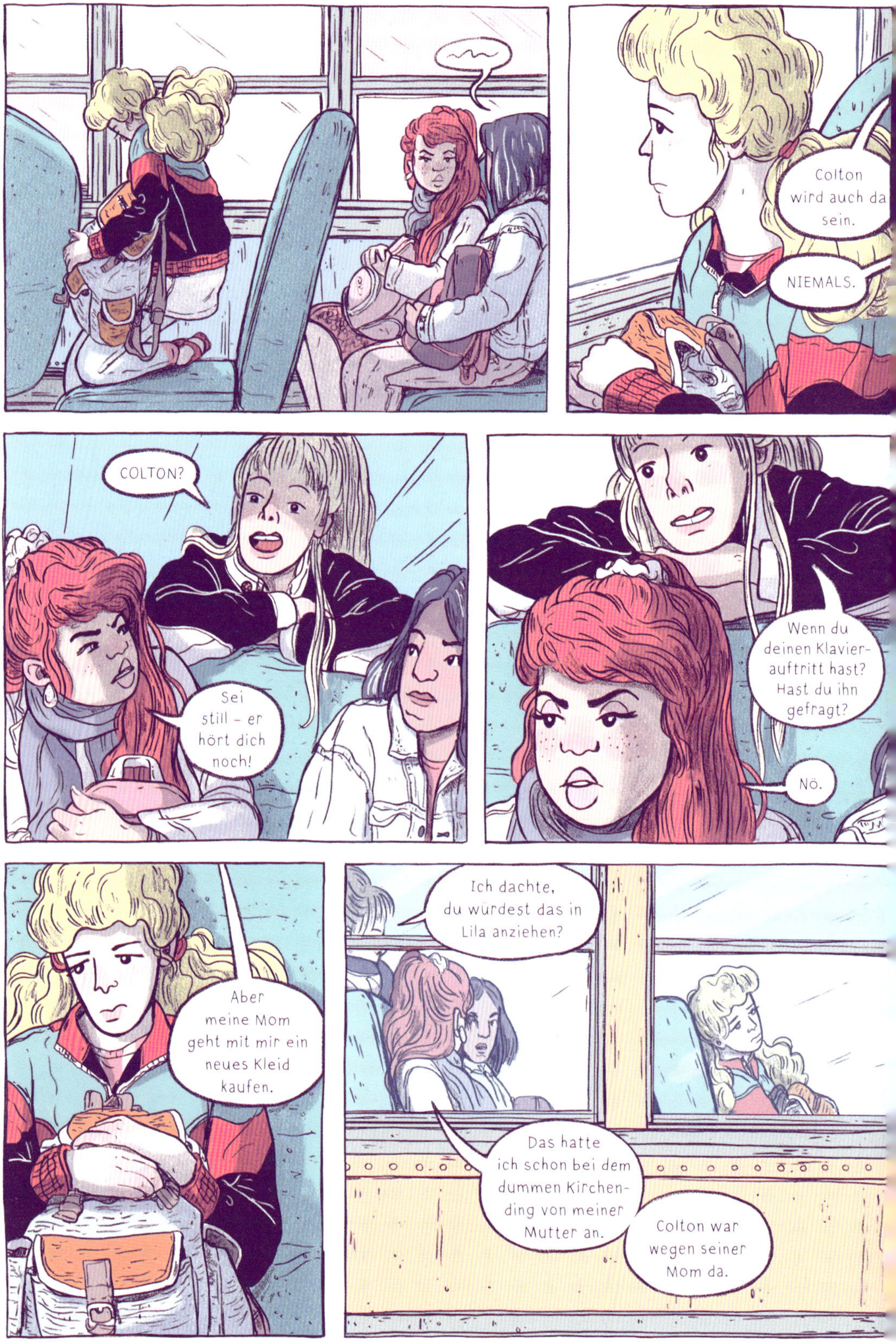
~
Colton wird auch da sein.
NIEMALS.
COLTON?
Sei still – er hört dich noch!
Wenn du deinen Klavierauftritt hast? Hast du ihn gefragt?
Nö.
Aber meine Mom geht mit mir ein neues Kleid kaufen.
Ich dachte, du würdest das in Lila anziehen?
Das hatte ich schon bei dem dummen Kirchending von meiner Mutter an.
Colton war wegen seiner Mom da.

Also kennt er's schon.
Welches Lied spielst du?
Weiß noch nicht.
Ich bin das Klavier so leid.
Voll unnütz.
Colton denkt wohl anders.
Was glaubst du, warum ich weitermache?
Ist eh voll egal.
Muss nur gut aussehen.
Das wird schon.
Ja, im Ernst.
Mhm.

9:17 Uhr
10:04 Uhr
11:20 Uhr
11:21 Uhr
13:39 Uhr
13:44 Uhr
HYGIENE

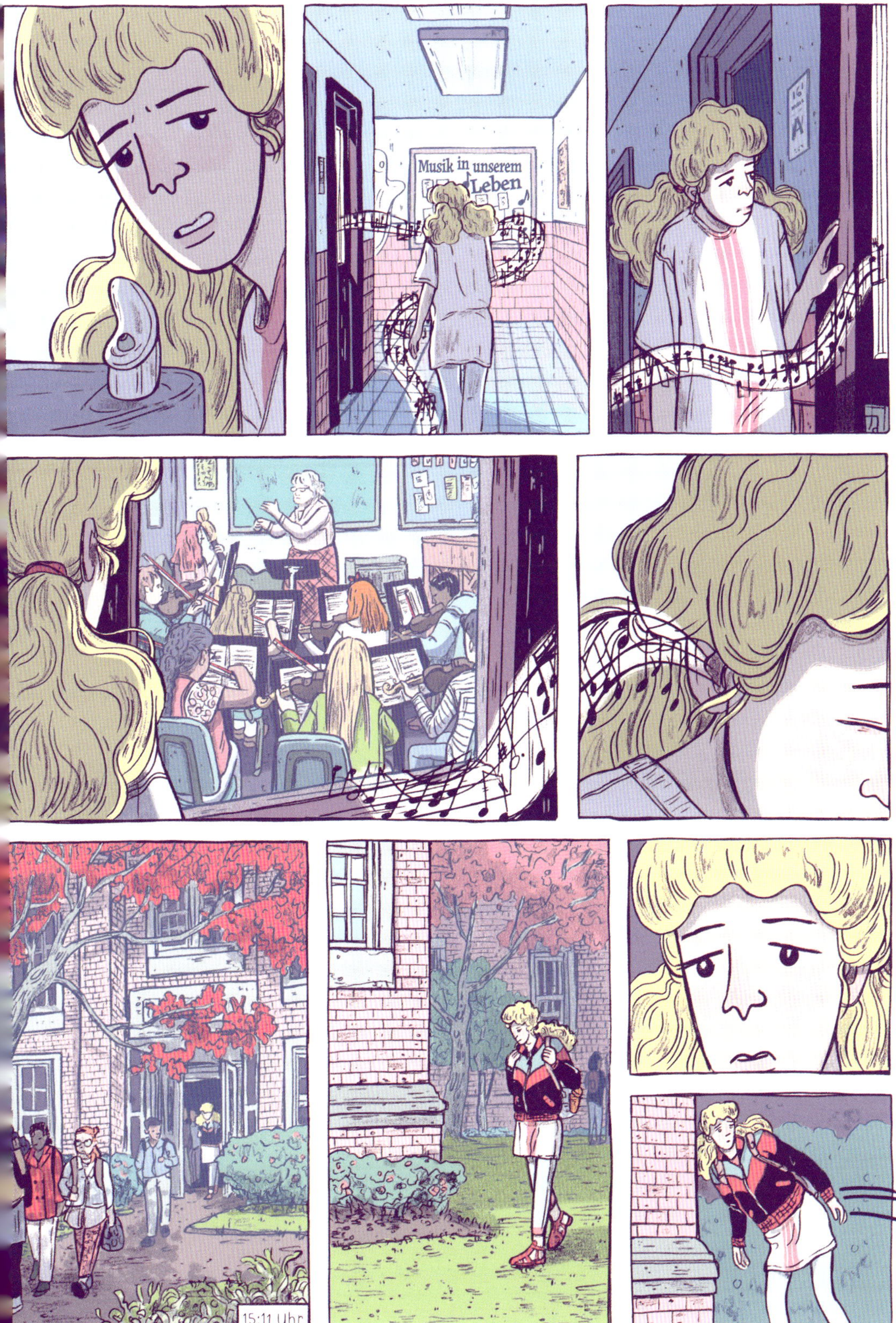
Musik in unserem Leben
15:11 Uhr

Du stehst auf meinem besten Freund.
Bitte?
Dein Fuß.

Das ist ...
ein Laken.
Er ist unsichtbar.
Na ja, er hätte was sagen sollen.
Er schläääft.
Siehst du?
Die Sonne scheint.

ARCADE
OCT 31
HALLOWEEN
MADNESS
PIZZA
VERBOTEN

stups
LATTS WÄSCHEREI

Woah.

Oh!
He.
Bist du
auch tot?

ÜBER DIE ANLAGE
EMPFEHLUNGEN
Fünf-Ster
Ah, herrlich. Nichts geht über eine Dampfsauna.
Wie? Ja, eine Massage wäre wunderbar, danke.
Oben an der Schulter- ja, genau da.
STEAM
biep
klick klick
biep
biep
biep
SHHHHH

SHHHHHHHHHHHHHHHHHH

gäääähn

gähn
Nein.
Nein,
nein.
GEÖFFNET

Äh, sorry, könnt ihr später wiederkommen?
Marjorie, dein Bus kommt um 7:45 Uhr.
Du hast gesagt, ich könnte kurz vorher vorbeikommen.
Ich weiß, aber ...
Was zum Henker ...
Was ist das?
Ich schwöre, ich weiß nicht, wie das passiert ist.
Wir lassen immer die Fenster zum Ufer für die Belüftung offen.
Vielleicht hat der Wind ...
GEÖFFNET
Unglaublich.
Also werft ihr unsere ...
Was ist hier los?

Offenbar hat sie das Fenster offen gelassen. Und das war der Wind.
Der Wind.
Es tut mir leid. Ich helfe gern ...
Ich mach das schon.
keuch
Ach, herrje, herrje!
Gestatten Sie, Madame?

Ein friedvoller Ort, ein friedvoller Geist!
So handhaben wir das in meinem Fünf-Sterne-Luxus-Wellness-und-Yoga-Resort.
Da drüben hab ich ein paar Broschüren für euch.
In meinem Resort wäre so etwas absolut unvorstellbar.

Sie könnten bestimmt etwas Seelenpflege gebrauchen.
Machen Sie Yoga?
Nein, hab's nie versucht.
Ah, sicher auch besser so.
Kein Yogi, den ich kenne, versteht dieses Handwerk wie ich.
Nehmen Sie ein Poster.
SAUBERTUCH
Vielleicht gar keine schlechte Idee.

GEÖFFNET
Ts, ts. Noch mehr unzufriedene Kundinnen?
Nur ein Missgeschick. Das Geschäft läuft bestens.
Papperlapapp!
Aber ich brauche jemanden, der die Handtücher in meinem Fünf-Sterne-Luxus-Wellness-und-Yoga-Resort wäscht.
Du bist engagiert!

SAUBERTUCK
FÜNF-STERNE-LUXUS
WELLNESS-UND-YOGA-CE
FÜNF-STERNE-LU
WELLNESS-UND-YOGA-RES
zupf
schwupp

BRANDES THIEL
SCHWIMMHALLE

Okay, die nächsten fünf Minuten üben alle bitte Kraulen.
AVAGLIANOS KÜCHEN
Baby Laura Boutique
FBRC
HIER KÖNNTE IHRE WERBUNG STEHEN 814-724
Denkt dran: eins, zwei, NACH LINKS ATMEN.
Eins, zwei, NACH RECHTS ATMEN.
Dann mal los, Leute.
Rechter Arm, eintauchen.
10 FE
Linker Arm, eintauchen.
Und ihr krault perfekt!

Mr. Duncan ist so ein Loser.
Also, meine Halloween-Party?
Ist offiziell am Start.
Deine Eltern sind einverstanden?
Bist du blöd?
Die sind an dem Wochenende in Pittsburgh.
Holla!
Hörst du bitte auf, das zu sagen?
Herrje. Krieg dich ein.
Wissen es Alexis und Jen?
Ja, und sie geben all ihren Leuten Bescheid.
Dann kommen auch Jungs von der *High School*?
Ich hab **nichts** zum Anziehen.
Klau deiner Schwester was.
Geh als sexy Kassiererin.

Hey!
Was machst du an Halloween?
Oh ... äh.
Ich? Nichts.
Ist ja 'ne Schande.
Werden wohl alle außer Marjorie da sein.
haha
Was ist mit *Colton*?
Sei still.
Du trägst zurzeit 'ne Menge Make-up.
Für wen *das* wohl ist?
Gib es zu!
Sei STILL. Haha.

Ich gebe gar nichts zu.
Hey, Glatt.
Auf Beton lernst du nie, wie man krault.
Rein da, Señorita
6 FEET
MOM!

hehehe
hehehe
KEUCH
hehe
hehe
Ups, sorry! Ich dachte, du hättest 'ne Wäsche nötig, Fräulein Wäscherin.

keuch
keuch
12 FEET
WuuuUuUu
HWIMMREGELN

PFRIIIIIIIIII
Okay, Grover hat in den Pool gepinkelt, also ab in die Duschen.
Iiiie!
Igitt!
haha
haha
Hab ich *nicht*.
Vorsicht ist besser als Nachsicht.
Los! Alle raus da!
In die Umkleiden!
Liam, zu den Jungs geht's da lang.
Aber guter Versuch. Du musst echt zum Frisör, Alter.
He, Kitty Glatt.
Kurz auf die Bank.

3 FEET
Hör mal,
Tessi und ihre
Freundinnen …
Ignorier sie.
Du
kannst mir
vertrauen. Ich bin
immerhin Rettungs-
schwimmer.
Und ich hab
viele gerettet.
Manche haben
sogar überlebt.
Im
Ernst, du bist ein
kluges Kind.
Und das
wissen die.
In der
nächsten Stunde
lass ich sie den Gorilla-
Kick vormachen, den ich mir
mit vier ausgedacht
habe.

Duschen.
Oh! Eins noch.
Völlig reglos im Seichten stehen konntest du ziemlich gut.
1+ für dein Talent als Denkmal.
Aber im Schwimmunterricht muss man sich leider bewegen.
Ich ... kann nicht schwimmen.
Hmm.
Dann war das vor zwei Jahren in meiner Klasse wohl dein Zwilling?
Möglich.

Musst du mal mit jemandem reden, Marjorie?
Ich mach viele Witze, aber ...
Nein, alles okay. Danke.
Alles klar.
Ansonsten melde dich.
3 FEET

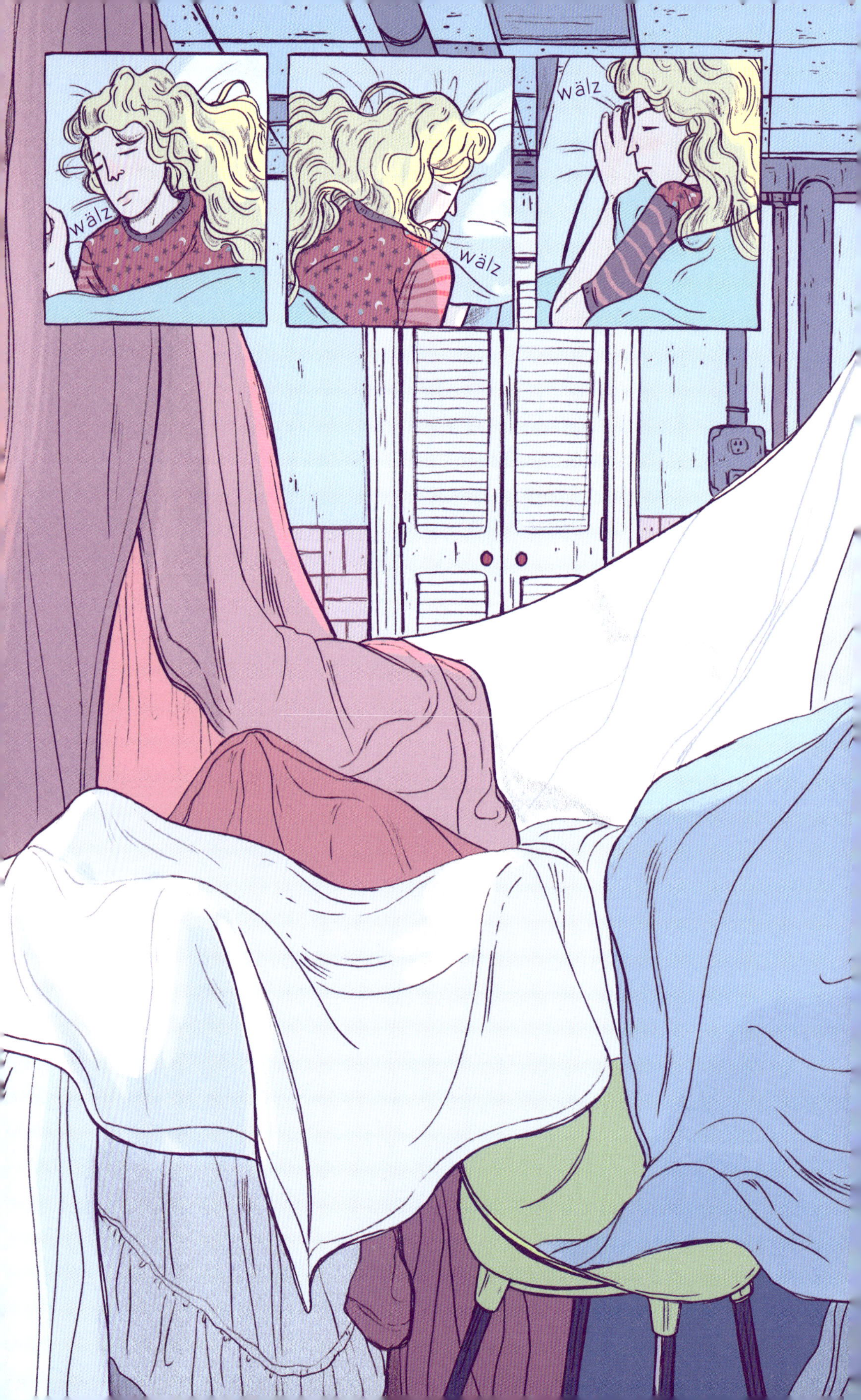
wälz
wälz
wälz

Es war eine dunkle und stürmische Nacht.
Ganz allein stand einst ein kleiner Prinz nahe Finster Bay.
Seine Eltern, König und Königin, waren mit Rumsitzen und Rumkommandieren beschäftigt.

Die beiden erlaubten ihm nicht, sich dem Wasser zu nähern, aber er wollte doch so gern schwimmen.
Also stürzte er sich hinein ...
... und ließ das Schloss weit hinter sich ...
... bis er zu den Seeungeheuern gelangte – wo stürmische Wellen über schwarzen Algen tosten.

Die Seeungeheuer waren erbost über diesen Eindringling ...
... also zerrten sie ihn in die Tiefe ...
... und fraßen ihn.
Doch eines Tages ...

WAMM!
... befreite sich der Prinz aus dem Magen der Bestie ...
... und schwamm zurück zum Schloss.
Aber jetzt war auch er ein Ungeheuer.
Und nicht mehr willkommen.

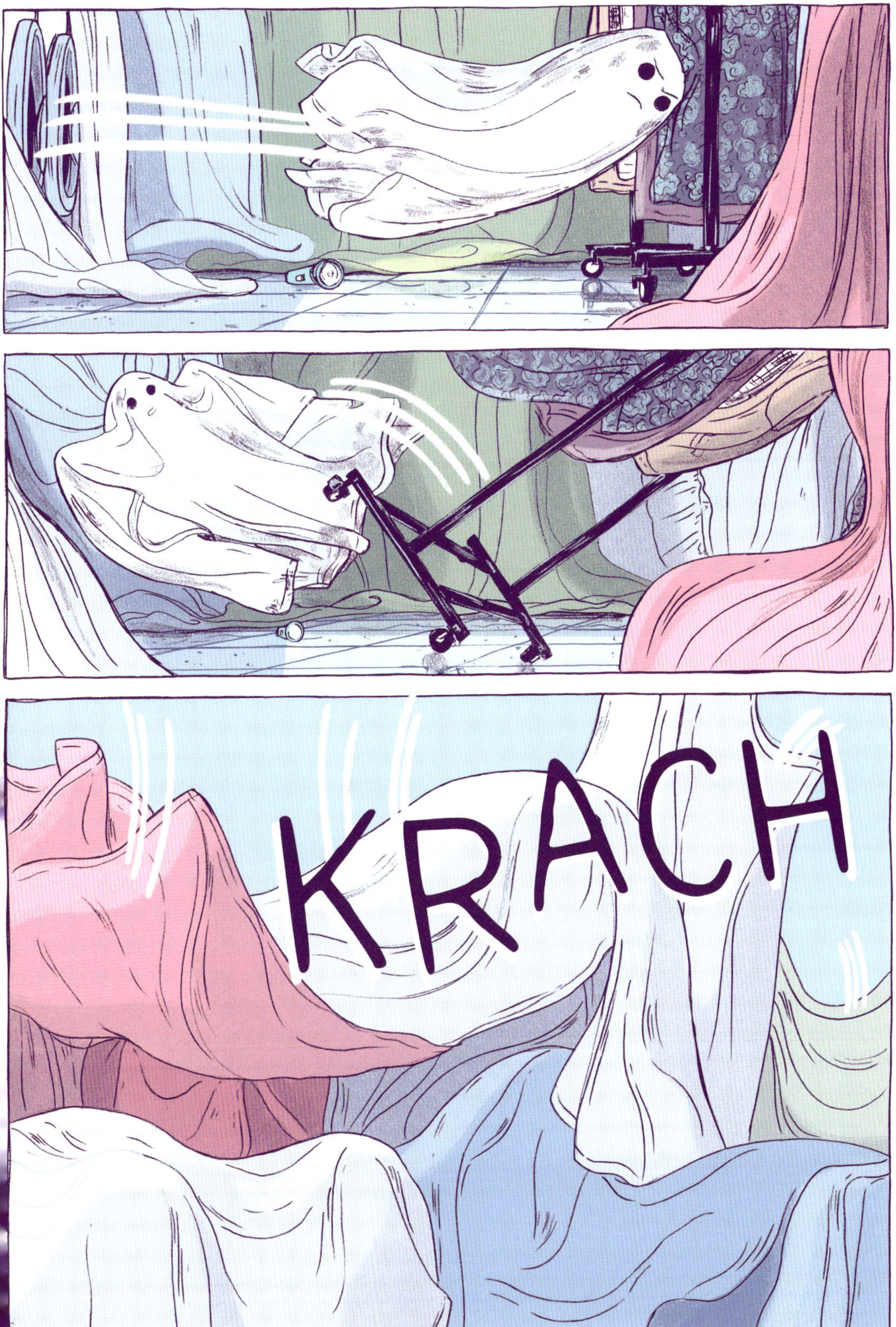
KRACH

RACH

Wer ...
ist da?
tast tast
Wendell.
WARTE!
klick
Bitte!
keuch
keuch
keuch
keuch
keuch

Hallo?
Bitte, tu mir nichts.
Ich werde dir nichts tun.
Du beraubst eine Wäscherei?
Bin kein Räuber!
Ich ... untersuche was!
Bin auf streng geheimer Mission für den Präsidenten der Welt.
So jemanden gibt es gar nicht.
Das denkst du.
Sein Name ist Mister ...
... Tür...knauf.

Warum machst du das hier?
Bitte hau einfach ab!
Ich soll rausfinden, warum Leute Angst vor Gespenstern haben.
Warum, ist geheim.
So will es Mister Türknauf.
Hau ab.
Beantworte einfach die Frage und ...
Spinnst du? Gespenster gibt's nicht!
Sie sind doof! Jetzt raus hier!

Ich weiß nicht, wohin ich gehen könnte.
Ich hatte mal ein Zuhause ...
... in der Amber Road, glaub ich.
Ich hatte einen Löwenhut ...
GÄÄÄÄHN
... und Mr. Milly.
Und ...

knaaarz
RUTSCH
Woah.

Du hast aus Laken ein Fort gebaut?
Owen ...
Daddy wird so sauer sein.
Ist er wach?
Ich hab geklopft. Aber er kommt nicht raus.
Owen, bitte. Erzähl's niemandem.
Kannst du das bitte nicht weitersagen?
Was krieg ich denn dafür?
Owen.
DAAADDY.
Na schön, na schön!

Was willst du?
Hmm ...
Einen richtig echten Riesenpanda aus Sichuan. Einen Stein vom Mond.
Okay, irgendwas aus dieser Zeitzone.
Schokolade vom Bay Market?
Die mit Karamell in der Mitte?
Ich hol sie dir gleich nach der Schule, wenn du die Klappe hältst.

Okay.
Puuuh

KEVIN'S
Claire's
TOFFEE FABRIK
BESTELLUNGEN
SCHOOL BUS
HONIGSCHINKEN 3.99 / KG
FUJI APFEL 0.99 / KG
BAY MAR
COLD
drinks
Marjorie?

Oh, hi.
Kel Duncan?
FUDGE-FILLED
TURTLES
Mein Mann ist Sportlehrer.
Ja, natürlich.
Kinder, das ist Marjorie von der Wäscherei.
Erin sagt, da gibt's Kakerlaken.
Neee.
Sie meinte, Mr. Saubertuck hätte was von der Pest gesagt.
Wie bitte, **was** sagt er?

Hey,
Kitty Glatt!
Gib fünf!
Oder so,
noch besser.
Schatz,
wusstest du das
schon?
Unglaublich,
oder? Dass sie hier
endlich Brot
verkaufen.
Dieser
Saubertuck ver-
breitet Lügen über
die Wäscherei.
Was?
Ich muss los.

Hey, Kleine.
Niemand mit einem
Funken Verstand glaubt
so einen Klatsch.
Die Leute
reden viel, wenn
der Tag lang
ist.
Und, hey,
wie du den Laden
schmeißt?
Das ist echt
chefmäßig.
Sie ist
ja auch der
Chef.
Alles nur
Gerede,
okay?

EMPIRE
89 c/KG
Jetzt sieh sich einer diese Kürbisse an!
Ich muss echt los.
Natürlich.
Schön, dich zu sehen, Marjorie.
He, nächste Woche Schwimmen …
… mach dich bereit für ein paar irre Schwimmzüge!

GESCHLOSSEN
GEÖFFNET

GESCHLOSSEN
N'Abend,
Mff Waffntn.
Ich lass
dich mal zu Ende
kauen.
kau

schluck
Äh, n'abend ...
Tessis Auftritt ist morgen Abend, und ihr Kleid muss gesäumt, gewaschen und gebügelt werden.
Ich komm morgen früh wieder.
Wehe, es stimmt auch nur das kleinste bisschen nicht ...

Vor ein paar Jahren haben wir einen Schulausflug zu Spinneys Kürbisfarm gemacht.
SPINNEYS
BARN 2
Haben gelernt, wie Apfelmost gemacht wird …
… und durften jeder einen kleinen Kürbis mitnehmen.

Eigentlich sollte im Maislabyrinth jeder einen Partner haben,
aber Courtney Crowler ist mit ihren Freundinnen abgedüst ...
... und hat mich mitten im
Mais zurückgelassen.

Was machst du denn da unten?
Hab mich verirrt.
Mir nach!

fffsssssssshhhhhhhhhhh
fffsssh
ffssh
Er hat mir die Hälfte von seinem Kürbiskeks gegeben, und ich hab ihn nie wiedergesehen.
Er hätte wohl ein guter Freund werden können.

GESCHLOSSEN

RÜTTEL
Du musst hier irgendwo sein.
Na, Hallöchen, Nigel.

GÄÄHN
GEÖFFNET
schweb
klick
Benny, mein Bester!
GLATTS WÄSCHEREI
Solltest du nicht Verbrecher suchen gehen?
Ich bin Anwalt, Nigel, kein Sheriff.
Aber da du's erwähnst ...
Was machst du denn da gerade?
Ich ... wollte nur ...
... schauen, wie das Gebäude nachts aussieht.
Aha.

GEÖFFNET
Ich sagte doch, die Glatts und ich sind uns völlig einig ...
... keine Probleme mehr ...
... absolut sauber ...
Ich kümmer mich drum ...
... noch diese Woche.
GLATTS WÄSCHEREI

GEÖFFNET
Finster Bay hört nicht auf mich?
Denkt, alles sei nur Gerede?

Gefärbte Laken kannst du nicht verstecken.
DYE
FARBSTOFF
RED/ROT
DYE= „Farbe" (engl.)
„Dead Youth Empathetics"*?
Sie haben mich ...
*„DYE = Gesprächskreis toter Kinder"

Wer ist da?
G... Geister?
Regel Nummer 14: Alle Spuren, die auf Geister verweisen, verschwinden lassen.
glug
glug
glug

ZERR
Regel Nummer 29: Wenn du glaubst, dich verraten zu haben ...
Flieh.

Namaste,
Wendell.
Wo bin ich?
Im Land
der Geister.
Nein, ich
meine, mein ...
WO?
Schht,
finde zur Ruhe –
zu deiner Seele.
Das richtige
Laken finden wir
im Nu.
Laken?

Ich hab schon viele junge Geister wie dich willkommen geheißen. Ah, wie traurig ist es, einzig ein kleiner Schössling in einer Welt verblühter Blumen zu sein.
schwupp
Berühren deine Zehen die Erde?
Äh, hab ich noch Zehen?
Nicht wirklich.
Schweben ist eine unsterbliche Kraft, und das Laken ist lediglich eine Art Übergangsritus in eine Welt, in der wir weder an- noch abwesend sind.
Hä?

Mach dir den Seelenzustand zu eigen, junger Wendell.
Aber solltest du dich im Land der Menschen wiederfinden, lass deine Zehen den Boden berühren.
Wie ein Sterblicher.
Menschen lassen sich immer leicht übers Ohr hauen, wenn man ein Laken trägt. Sie geben dir dann Süßigkeiten und vermuten nicht die Anwesenheit von etwas Übernatürlichem.
Wir Geister halten uns an die Gesetze.
Okay …

Das Buch der *Geistergesetze*.
GEISTER-VERORDNUNG
Halte dich stets daran, sonst wird dein Laken eingezogen.
Und deine Identität wäre futsch.
Wir haben keine Körper mehr – nur Laken, die unsere Energie umhüllen.
Und wir können das hier.
Nun aber auf, auf!

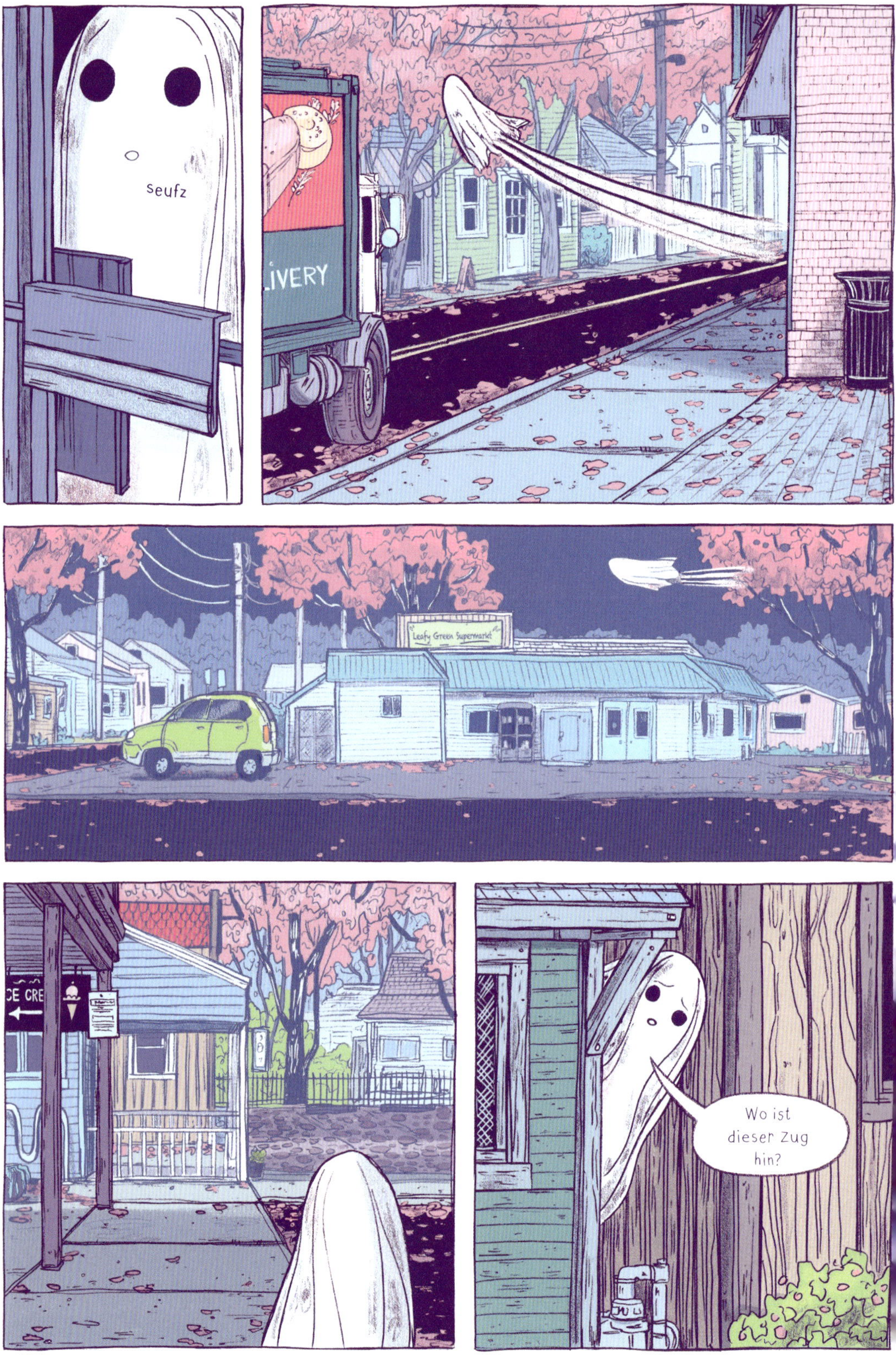
seufz
LIVERY
Leafy Green Supermarket
CE CRE
Wo ist
dieser Zug
hin?

Wie ...
nein.
Nein, nein.
Bitte ...
SOLL
DAS EIN SCHERZ
SEIN?

WAS IST DAS?
Mrs. Waffleton, ich schwöre, ich ...
WAS DENKST DU, WER DU BIST?
Das Kleid war gestern völlig in Ordnung, aber heute morgen ...
WAS?
Soll ich etwa glauben, das wäre einfach von selbst passiert?
Dass es ein Geist war?
Ist dir klar, dass der Auftritt HEUTE ist?
Bitte, Sie müssen mir glauben.
Ich würde doch niemals ...
Verehrte Trudy, was ist denn hier los?

Genug.
Genug von deinen Lügen.
Genug mit diesem Laden.
Mir reicht's.
Und davon werden die Leute noch HÖREN!
RUMS
Ich hab dich gewarnt, mein süßes kleines Törtchen.

Waren Sie das?
Wer, ich?
Ich würde doch niemals die Waffletons verärgern.
So eine nette Familie.
Können Sie bitte gehen?
Aber schau, was ich habe!
Betrachte es als Zeichen meiner Entschuldigung.
Ich hätte meine Prospekte woanders hintun sollen.
Vielleicht an der Tür. Aber hier!
Ich hab Wäsche in der ganzen Stadt zusammengetragen, damit du noch einen letzten großen Waschtag haben kannst, bevor ihr rote Zahlen schreibt.
Rote Zahlen, wie gesagt.
Nicht rote Wäsche.
Okay. Sie gewinnen.

Wie bitte?
Machen Sie ein Angebot.
Ich rede mit Dad.
Ein Angebot?
Kicher! Nein, nein.
Ich zahle euch nichts.
Deine Familie kriegt ein Zimmer in meinem Fünf-Sterne-Luxus-Wellness-und-Yoga-Resort, weißt du noch?
Oder wärt ihr lieber obdachlos?
Die anderen Kunden und ich kommen morgen, um die Wäsche abzuholen.
Adios!

schüttel

EXIT
DRACULA
POE

Wendell Finster Bay Mr. Mil
Ergebnisse
Suche
Auf gut G
Index enthält – 25 Millionen Seiten (de
Über uns
Monatliche Updates!
E-Mail
Abonnier
Wendell Hofferly, 11, ertrinkt in Lake Erie
www.finsterbaytimes.com/news/local/1997/08/04/wendell
4. August 1997 – In **Finster Bay** wurde gestern der Körpe
Jungen entdeckt … Der Leichnam wurde identifiziert als
Wendell Hofferly. Seine Eltern konnten bislang nicht zum
und auch sonst Familienhund **Mr. Milly** …
Elfjähriger Junge ertrinkt im See
Wendell Hofferly aus **Finster Bay** wurde regungslos am
Lake Eerie gefunden … Die Polizei untersucht noch den Vo
obwohl sich keine Verdächtigen in der Nähe befanden, abg
von **Wendells** Hund **Mr. Milly** …
klick

WENDELL HOFFERLY, 11, IN LAKE ERIE ERTRUNKEN
4. AUGUST 1997
Der Leichnam eines elfjährigen Jungen wurde am Sonntagnachmittag i
Bay gefunden. Die Polizei war durch einen bellenden Hund auf den Jung
worden, der bald darauf als Wendell Hofferly identifiziert wurde, Sohn d
Hofferly und seiner Geschäftspartnerin Hellen. Aus noch unbekannten
Eltern nicht in der Lage, den Fundort aufzusuchen. Es gab keine Zeuge
10
2
9
tick tick
9
tick tick
12
BRRRIIINNGGG

Roca
DONUTS
TRY THE ROC MOCHA
CASMER'S
MARIAH'S BOOK CORNER
Crafty Susan
SUTTER MUSIC
VIDEO
Leafy Green Supermarkt

Was?
$11,57.
Ich, äh...
... muss hier noch irgendwo ein paar Dollar haben.
Sei nicht albern, ich mach das schon.

Oh, äh...
Ein Gentleman zahlt beim ersten Date.
... das ist nicht ...
Ich meine...
... du musst nicht...
Ich komm mir ja fast knauserig vor.
Ist ja nicht mal Voll-waschmittel.
Ja, ähm.
Okay, danke. Bye.
Lass uns das mal wiederholen!

Handlesen
mit Beth

PAULA
POTATO
Pommes Frites und mehr

GÄÄHN

poch
poch
poch
Er lebt hier?
Nigel, ich seh dich am Fenster.
Mach die Tür auf.

Benny, was eine charmante Überraschung.
Nigel, du bist dir deiner Situation doch wohl bewusst.
Ist dir klar, dass du vielleicht Insolvenz anmelden musst?
Papperlapapp.
Mein Vater hat mir sein ganzes Vermögen hinterlassen.
Ja, nur leider hast du bereits alles ausgegeben.
OGAKÖNIGIN
Und da du deine Hypothek nicht abzahlen kannst und unzählige Schulden angehäuft hast …
fummel
YOGAKÖNIGIN
… solltest du besser bald zu Geld kommen, sonst gehört dir dieses Haus nicht länger.

Aber nicht doch. Mein Fünf-Sterne-Luxus-Wellness...
Ja, das kenn ich schon.
Ich hab eine Schublade voller Broschüren und ein Poster von deinem Gesicht, das allein schon eine Klage wert wäre.
Aber erkennst du das Problem?
YOGAKÖNIGIN
Du hast all dein Geld ausgegeben, um ein Geschäft zu bewerben, das nicht existiert.
Wie willst du da weitermachen?
Gib mir eine Woche. Ist alles schon im Gang, alter Freund.
schnaub

YOGAKÖNIGIN
Ich komme wieder.
Und was immer das für ein „Geschäft" ist, das du mit den Glatts hast, ich weiß nicht, ob *sie* davon wissen.
RUMS
Ganz recht.
Sie haben keine Ahnung!
YOGAKÖ
Hehehe!

HANK'S
SP PB CUP
BLK CHERRY
YOGURT

Man sollte meinen, dass eine friedliche Ruhe den Schlaf begünstigen würde.
wälz
Doch wenn man an jaulenden Wind und Straßengeräusche gewöhnt ist, hat die Stille etwas Verstörendes.
LATTS WÄSCHEREI

Noch verstörender ist es natürlich, wenn der Mangel an Geräuschen plötzlich von einem Geräusch unterbrochen wird.
PLATSCHHHHHHHHHHHHHHHH

Tut mir leid, ich ...
Wer bist du?
Ich bin's, Wendell.
Du bist nicht Wendell.
Ich hab nachgeschaut, er ist vor über einem Jahr gestorben.
Ja, ich ... ist es schon so lang her?
Du lügst.
Gespenster gibt's nicht.
Sag die Wahrheit.

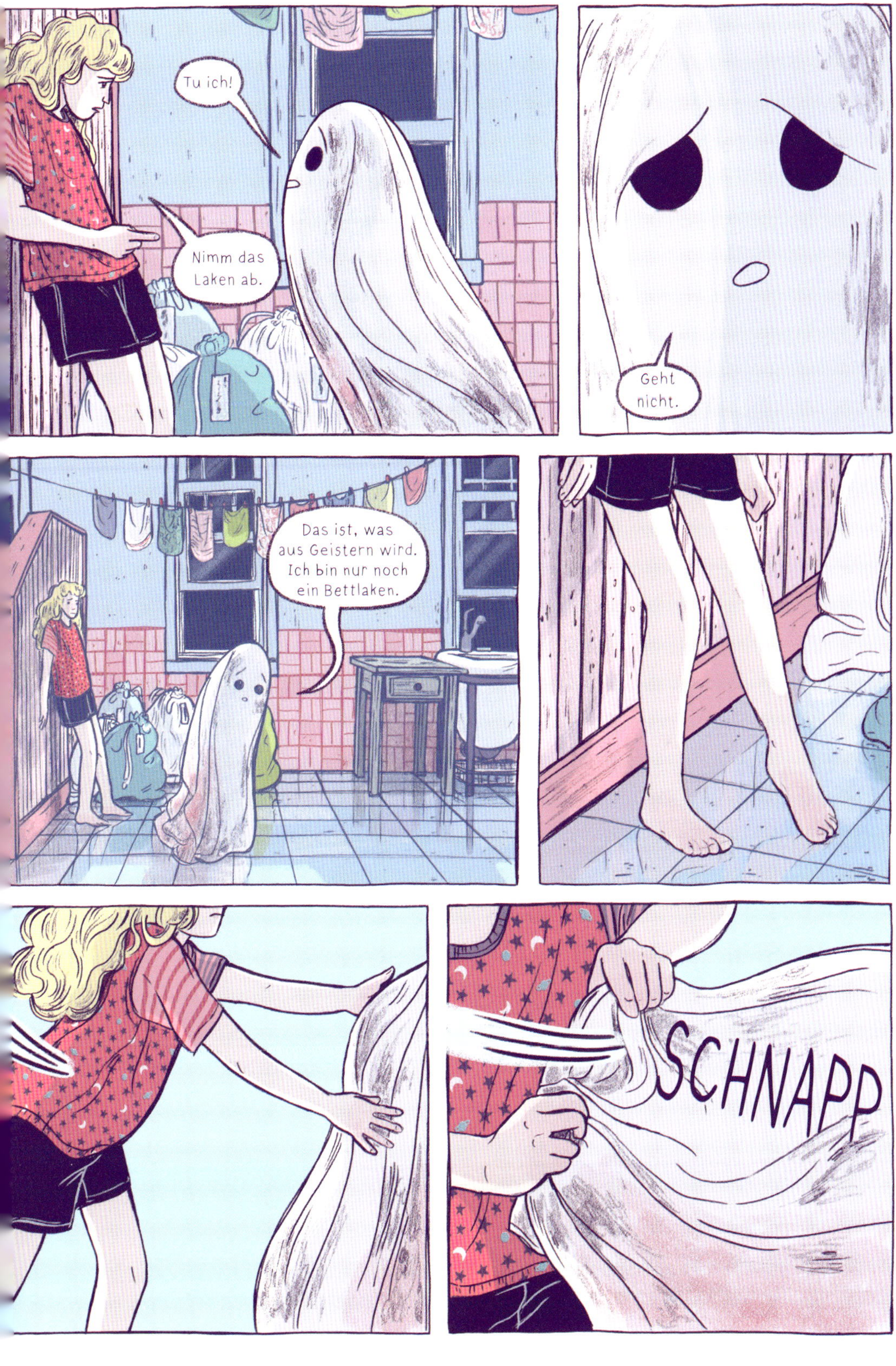
Tu ich!
Nimm das Laken ab.
Geht nicht.
Das ist, was aus Geistern wird. Ich bin nur noch ein Bettlaken.
SCHNAPP

KEUCH

Nein.
Du kannst nicht ...
das ist nicht ...
Bitte, hab keine Angst vor mir.
Ich möchte nur helfen.
GEÖFFNET
Trau mir ruhig!
Im Land der Geister hab ich *viele* Freunde, die mir vertrauen.
Sie kommen dauernd zum Spielen vorbei.
In meinen Kristallpalast.
Und mein Butler, Baby Timmy, macht uns Sandwiches.

Baby Timmy?
Vom Zug überfahren.
Es... gibt noch mehr wie dich?
Oh, ja.
Kennst du ... ich meine ...
Sind da auch... Glatts?
Ein ulkiger Name.
Ist ein Nachname.

Im Land der Geister gibt es keine Nachnamen.
Oh.
Wie heißt du?
Marjorie.
Das gefällt mir.
seufz
Du bist wirklich ein Gespenst, oder?

Das Laken sollte dich reinlegen.
Etwas zu früh für Halloween.
Das kenne ich noch!
Je länger man im Land der Geister weilt, desto weniger erinnert man sich.
Doch das weiß ich noch.
Aber das Land der Geister ist viel besser. Da gibt's jeden Tag Paraden und Feuerwerk und Süßigkeiten.
So viel du willst.
Warum bist du dann weg?

Was machst du hier überhaupt?
Ich ...
Du dürftest gar nicht wissen, dass ich hier bin.
Also, dass ich ein Geist bin.
Ich hab die Flasche mit dem D-Y-E gesehen und dachte, es würde Ärger geben.
Aber der Mann mit dem Schnäuzer auf dem Kopf ...
DYE? Farbe?

Moment.
Das warst du die ganze Zeit, oder?
Du hast das Chaos angerichtet, das Fort gebaut.
Und Tessis Kleid ruiniert.
Das Kleid war ein Versehen, und das Fort war ja wohl großartig!
Aber dieser Mann …
Ist dir klar, was meine Familie deinetwegen durchmacht?
Ich hab …
Du hast was?

Die Sonne geht auf.
Das ist alles deine Schuld.
Willst du mich auf den Arm nehmen?
Schlafens-zeit.
Mach's gut.
KNARZ

Saubertuch

Marjorie?
Was ist los?

Ich dachte, ich hätte was gehört.
Deine Mom hat diesen Laden geliebt.
Sie wäre sehr stolz auf dich gewesen.
Ich weiß nicht, was ich tun soll.

Der Großteil der Kundschaft ist futsch. So auch das meiste vom Geld.
Ich weiß nicht.
Ich weiß nicht, was ich tun soll.
Mr. Saubertuck war ... oft hier.
Hm.
Er, äh ...
... hat so 'ne Art Angebot gemacht.
Wovon redest du da?

Wenn wir ihm den Laden geben, verschafft er uns 'n Zimmer und Jobs in seinem neuen Unternehmen, aber...
Warum höre ich davon zum ersten Mal?
Ich wollte nichts sagen. Ich hatte Angst, dass...
Angst, dass was?
Dass wir Geld und Jobs und einen Ort zum Leben haben?
Wir haben einen Ort zum Leben.
Marjorie, was passiert, wenn wir schließen?

Ohne Geld können wir nicht leben.
Wir müssen nicht schließen.
Wir brauchen nur mehr Zeit. Die Kundschaft kommt zurück.
Nein, Marj.
Es ist schon im Gange. Es ist längst zu spät.
Sag ihm zu.
Ich kann nicht.
Das ist unser Zuhause. Mom würde es nicht wollen.

Es gibt nichts zu diskutieren.
Sag mir, was Saubertuck antwortet.
Bzzzzzzzz

witsch
SCHLOSSEN
Meine Wäsche?

Gleich hier.
Was ist das?!
Ihre Wäsche?
Hast du das Waschmittel in den grünen Flaschen genommen?
Ähm, ja? Hab grad neues gekauft.
NEUES?!

Und das hast du für alles genommen?
Ja?
Ich komme wieder!
Wendell?

Oh, nein.

8:07 Uhr
8:12 Uhr
8:35 Uhr
9:02 Uhr
Zeit der Sehnsucht
10:58 Uhr
13:01 Uhr

15:36 Uhr
LUXUS
16:11 Uhr
17:20 Uhr
18:09 Uhr
GUTEN APPETIT
18:14 Uhr
BRRRIIIIIIINNNGG
19:07 Uhr

RIINNGGG
BRRRIII
Hallo?
Ganz wunderbar, Benny.
Ich muss nur, ähm ... es ist auf dem Weg.
28TH
Ja, ja, ganz sicher. Nächsten Freitag.
klick

Einatmen.
Ausatmen.
Ausatmen.
Einatmen.
PLOFF
WUTSCH
Wer da?

Ihr Geister sollt mich in Ruhe lassen!
zitter
Ver-schwindet!
wutsch
KEUCH!

Es ist nicht so, wie es aussieht.
Ich ... bin Marjories Freund Wendell.
GESPENSTER. IN MEINEM HAUS.
MOUSSE
Gegen Geister
schnapp

Diese Glatts sind ERLEDIGT.

KLEINE
MINI-GLATT.
Das ist
in meiner Wäsche
gelandet.
Mit ein paar,
sagen wir, **gruseligen**
Überraschungen.
Hetzt du
mir jetzt deine
Gespensterfreunde
auf den Hals?
Sie
wissen Be...

Ich weiß, dass Laken nicht immer bloß Laken sind, Schätzchen.
Was, glaubst du, würde geschehen...
... wenn ich deinen kleinen Freund zerschnipple?
NEIN! HALT!
Ich nehm an!
Was nimmst du an, Mäuschen?
schluchz

Sie kriegen unseren Laden.
Wir arbeiten für Sie.
Ah, wunderbar! Was für eine schöne Geste!
Ich komme Montag um 5:00 Uhr früh für die Inspektion.
Der Ersatzschlüssel?
Saubertucks Fünf-Sterne-Luxus-Wellness-und-Yoga-Resort ist offiziell am Start!

Das war echt knapp!
Unglaublich, was du getan hast!
Er wollte es wirklich tun und du ...
Das ist alles deine Schuld.
Warum das?
Hast du ihm die ganze Zeit geholfen?
Ich weiß nicht, was du meinst.

Alles wäre gut gewesen, wenn du nicht aufgetaucht wärst.
Und jetzt habt ihr unser Geschäft sabotiert.
Es ist alles aus.
Wegen eines dummen Gespensts.
Ich wollte nicht ...
Ich wusste nicht.
Soll ich dir helfen?
NEIN!
Was brauchst du?
Ich brauch meine Mom.
Wo ist sie?

Sie ist ***tot***.
So wie ***du***.
Aber du bist hier, und sie nicht.
Ich hab dich am Hals – und wo ist sie?
Es gibt Unmengen von Geistern und Geisterstädten.
Ich könnte sie suchen ...
Es würde nichts bringen, oder? Du meintest, Geister vergessen alles.
Nur wenn sie vergessen ***werden*** – wie die Geister meiner Stadt.

Aber nicht alle Menschen vergessen.
Du erinnerst und sorgst dich um uns.
Nicht deinetwegen. **Du** machst alles kaputt.
Ich wollte dein Freund sein. Freunden tu ich nichts.
Genau.
Und deshalb wirst du nie mein Freund sein.
Laundry
MAID-RITE
Geh dahin zurück, wo du hergekommen bist, und lass uns in Ruhe.

TEMPO
LIMIT
5

Du bist verhaftet wegen Verstoßes gegen die Paragrafen 7, 13, 14, 22, 25, 29 und 31 der **Geisterverordnung** …
… belegt durch deine Kommunikation mit Ms. Marjorie Glatt und Mr. Nigel Saubertuck im Land der Menschen …
Und du wirst …
Ihr versteht nicht! Sie braucht unsere Hilfe!
POLICE
Ruhe! Du kommst vors Gericht, wo dir sofort der Prozess gemacht wird.

Bitte nennen Sie Ihren Namen.
Wendell. Aber ihr müsst mich anhören, bitte!
Ich ...
Du wirst nur sprechen, wenn man dich dazu auf-fordert.
Wo warst du am Abend des 6. Oktobers?
Nun, zuerst am Bahnhof, um den Sonderzug zu nehmen.
Und war dir klar, dass den Zug nur nehmen darf, wer über die entsprechenden Dokumente durch dieses Gericht verfugt?
Ja, aber ...
Und waren dir die Konsequenzen deines Handelns bewusst?

Ich hab nicht hierher gehört.
Die anderen toten Kinder haben mich ausgeschlossen.
Warum hast du dich an die Menschen gewandt?
Du weißt, was sie von uns denken.
Dass wir Monster wären.
Das ist ein Missverständnis. Sie halten uns nicht für Monster!
Sie erinnern sich sogar noch an uns.
Bei Marjorie … hab ich mich wie ein Mensch gefühlt.
Aber dann hab ich alles kaputt gemacht und …
Wendell, die Geistergesetze existieren seit Tausenden von Jahren.

Wir verstehen, warum du ein Teil der Menschenwelt sein willst – warum wir das alle wollen würden.
Aber das würde uns in Gefahr bringen.
Geisterjäger, Exorzisten – du weißt nicht, wozu diese Leute fähig sind.
Es gibt schlimmere Ort als das Land der Geister, Wendell.
Warum sollten wir ein Risiko für eine Sterbliche eingehen?
Wie kann sie uns helfen?
Vielleicht kann sie das nicht. Aber wir können *ihr* helfen.

ONLY

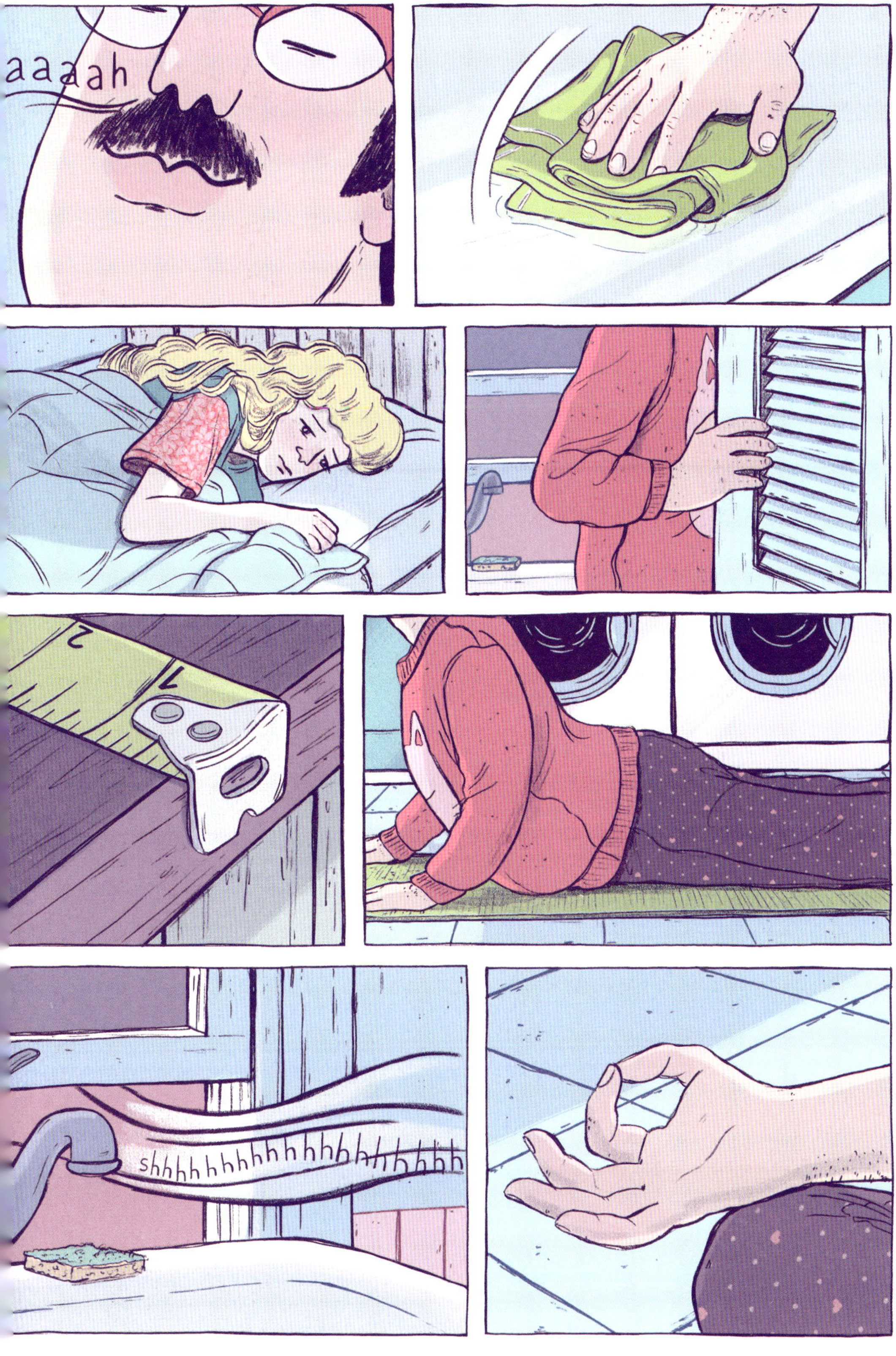
aaaah
shhhhhhhhhhhhhhhhhh

FFNET
Du hast zwei Möglichkeiten ...
... entweder du verlässt die Stadt und kehrst nie wieder ...
... oder du kriegst es mit wütenden Geistern zu tun, bis du irgendwann selbst einer wirst.

GEISTER!
ÜBERALL GEISTER!
Da drin! Laken!
Spuk!

Sagte er „Geister"?
Ist der irre?
YOGIBOO

Du musst
die berühmte
Marjorie
sein.
Wir
sind Wendells
Freunde.
Freunde?
Echt?
Wendell hat
so ziemlich jedes
unserer Gesetze
gebrochen.
Und das
alles für einen
Menschen.
Ich dachte,
das wäre wieder eine
deiner dummen
Geschichten.
Hast ja
doch ein Rückgrat.
Zumindest meta-
phorisch.

Etwas Tapfereres habe ich noch nie gesehen.
nick
nick
Oh, ja.
Mmhm.
Oh, Wendell.
Es tut mir leid, was ich gesagt habe.
Du bist mein Freund, ich hätte dich nicht fortschicken dürfen.
Schön, dass du wieder hier bist.
War ich dir schuldig.
Aber jetzt ist Schnurrbartkopf weg, und mit der Wäscherei kann es weiter-gehen!

Danke, euch allen.
Aber ich glaube, wir kriegen keine Kundschaft mehr.
Die halten uns eh schon für schräg.
Und jetzt gibt's hier auch noch Geister.
Wir nehmen den nächsten Zug.
Ja, wir sind so gut wie weg.
Wir kehren gern in unser trauriges, bedeutungsloses Leben im Jenseits zurück.
Traurig?
Wir stören euch nicht mehr.
Weiß nicht, ob das ausreichen wird.
Aber ihr dürft heut gern hierbleiben. Die Sonne geht bald auf.

Huiiiiiiiiiiii
ahhhh
haha
haha
MAID-RITE
Pardon?

Namaste, meine Kleine.
Ich möchte Sie nicht behelligen, aber …
Meine Mom … ist letztes Frühjahr gestorben.
Gibt es, ich meine …
Könnte ich sie wiedersehen?
Das Jenseits ist ein dichter Dschungel in tiefster Nacht …
… und schwer zu navigieren.
Wir haben alle unsere Gründe, zurückzukehren. Oder eben nicht.

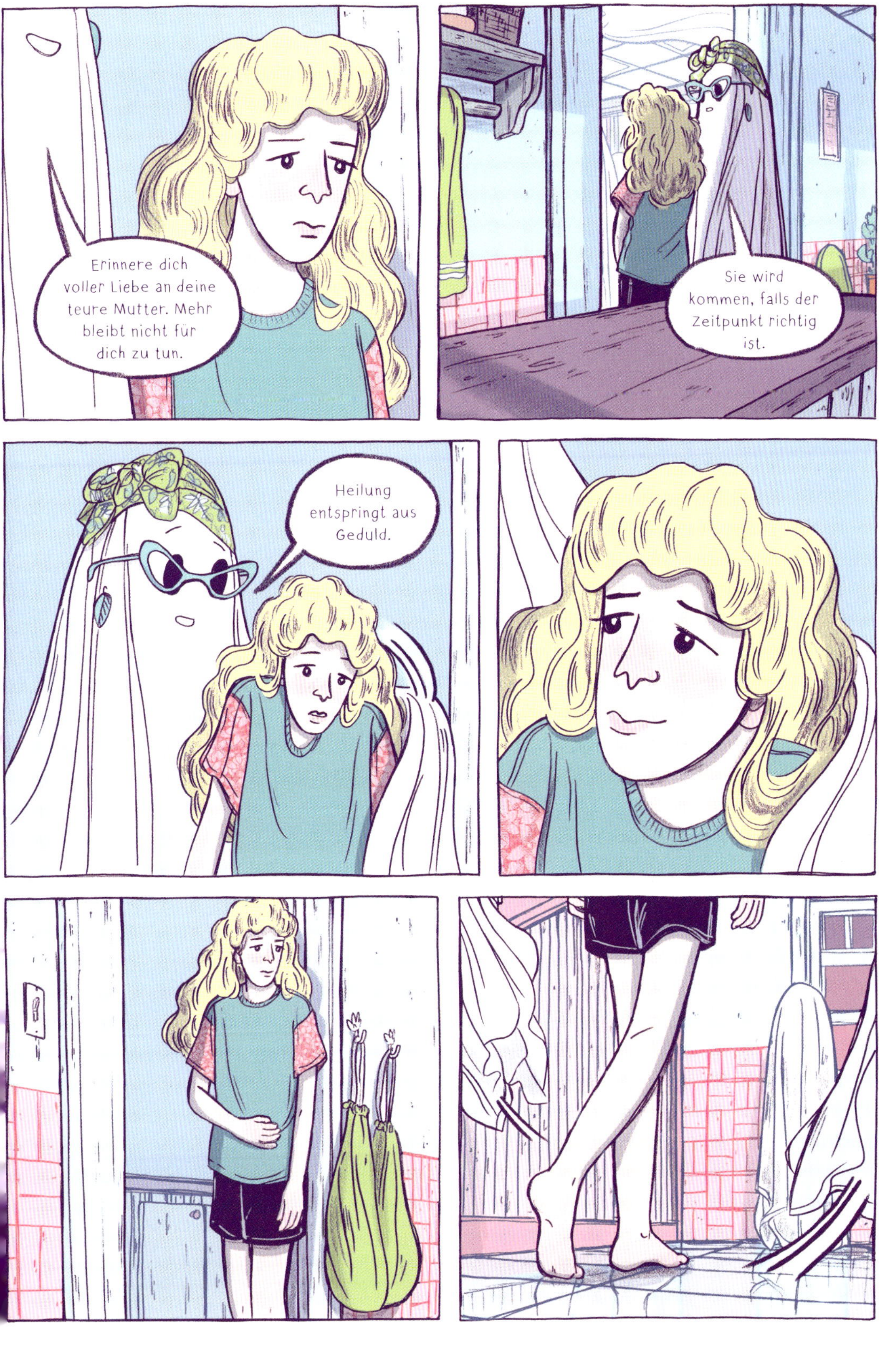
Erinnere dich voller Liebe an deine teure Mutter. Mehr bleibt nicht für dich zu tun.
Sie wird kommen, falls der Zeitpunkt richtig ist.
Heilung entspringt aus Geduld.

Wendell, kann ich dich was fragen?
Wie ist es passiert?
In den Artikeln stand nicht allzu viel.
Ich wollte mir das Schwimmen beibringen, als meine Eltern nicht aufgepasst haben.
Hat nicht ganz geklappt, wie man sieht.
Ich war elf.

Meine Mom ist auch ertrunken.
Echt?
Im Frühjahr.
Konnte sie auch nicht schwimmen?
Nein, sie hat sich den Kopf angestoßen.
Oh.
Tut mir leid.
Mir auch.
Ist das Land der Geister wirklich so schlimm?
Was ist mit den Paraden und den Feuerwerken?

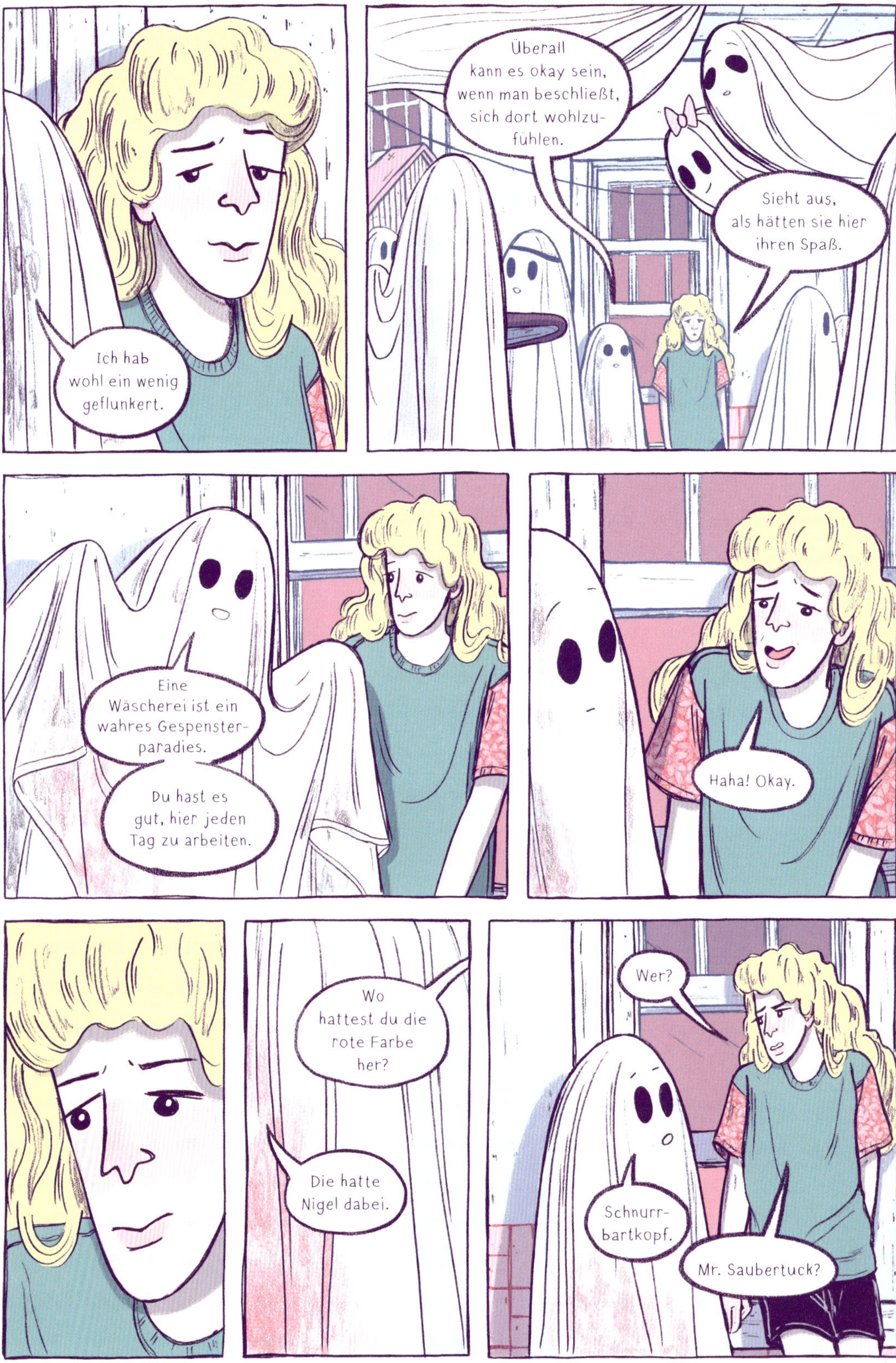
Ich hab wohl ein wenig geflunkert.
Überall kann es okay sein, wenn man beschließt, sich dort wohlzufühlen.
Sieht aus, als hätten sie hier ihren Spaß.
Eine Wäscherei ist ein wahres Gespensterparadies.
Du hast es gut, hier jeden Tag zu arbeiten.
Haha! Okay.
Wo hattest du die rote Farbe her?
Die hatte Nigel dabei.
Wer?
Schnurrbartkopf.
Mr. Saubertuck?

Er hat sie mitten in der Nacht angeschleppt und in die grünen Flaschen gefüllt.
Hab aber alles weg-gekippt.
Wendell... haha!
Du bist toll.
Aber ich glaube, das kriege ich leider nicht raus.
Ich nehm Geisterklar, wenn ich zurück bin.
Was?

So 'ne Art Shampoo für Gespenster. Entfernt alle Flecken.
Wie Zauberei.
Hm.
Hey, Wendell?
Ich glaub, ich hab 'ne Idee.

Cola

GESCHLOSSEN
Ist das zu glauben?
Alle Flecken ... komplett verschwunden.
Die kleine Glatt hat's wieder geschafft.
Tut mir leid, mehr können wir nicht annehmen.
Schreiben Sie sich auf die Warteliste oder kommen Sie nächste Woche wieder.

Danke!
MAID-RITE
Die Frau war aus Virginia. VIRGINIA!
Nicht im Ernst.
Feiern wir mit extragroßen Eisbechern?
Und Pizza!
Nach Marjs Klavierstunde.
Absolut.

Oh, äh, hi.
Hey.
GESCHLOSSEN
Wie sieht's aus, schon was vor an Halloween?
Du gehst nicht zu Tessis Party?
Ha. Lieber sterbe ich.

Hab nichts vor.
Morgen Abend ist das Houdini-Festival.
Du weißt schon, wie Harry Houdini.
Der ist an Halloween gestorben.
MAID-RITE
Irre, ja. Wusstest du, dass er ohne Ende Spukgeschichten als Schwindel entlarvt hat?
Mmm, ob er da wirklich Beweise hatte ...
Ich komm dann um sieben rum.
Wir ... gehen dahin?

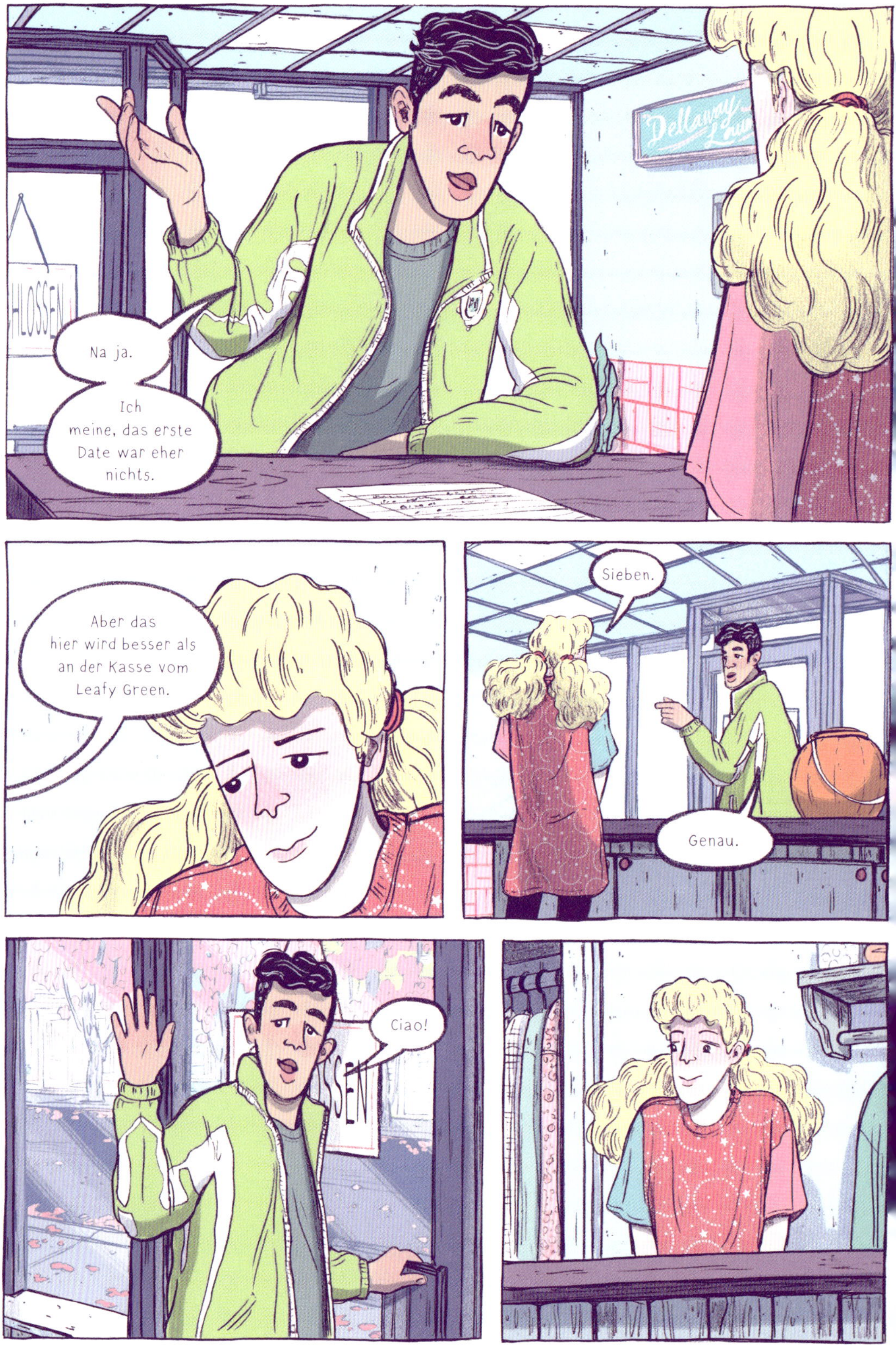
SCHLOSSEN
Na ja.
Ich meine, das erste Date war eher nichts.
Aber das hier wird besser als an der Kasse vom Leafy Green.
Sieben.
Genau.
Ciao!
SSEN

GLATTS
Fünf-Sterne-Luxus-
Wellness-Resort
(für Gespenster)
Poch
Poch
Poch

Was machst du denn da unten?

Komm mit!
GLATTS WÄSCHEREI
ANGELN
VERBOTEN

Hat doch alles wunderbar geklappt.
Ich wusste es!
Sag Bescheid, wenn du neues Geister-klar brauchst!
Mach ich.

Gehst du rein?
Du?
Gemeinsam.

ZWANGSVERSTEIGERUNG
ZUM VERKAUF
814-555-6837
Houdini-Festival
ZUCKERWATTE
MUTZEN
KANDIERTE ÄP

DINGE, DIE ICH HASSE:
GESPENSTER
SCHMUTZWÄSCHE
TESSI WAFFLETON (MEISTENS)
VOLLEYBALL IM SPORTUNTERRICHT
SPORTUNTERRICHT
DIE WERBUNG FÜR CHILI-DIP
HAIE
GRUPPENARBEITEN
SPICKER
UND HAUSAUFGABEN ABSCHREIBER
PUDDING
DEN MACARENA
LEUTE, DIE DAS SPIEL „HIMMEL ODER HÖLLE" ERNST NEHMEN
KOMISCH GEFÄRBTE ESSEN
LILA (KETCHUP?!)

Die deutsche Ausgabe von SHEETS – AM ENDE BLEIBT UNS NUR EIN BETTLAKEN wird herausgegeben von CROCU / Inh. Andreas Mergenthaler; Verlagsleitung: Luciana Bawidamann; Programmleitung Comic / Redaktion / Lektorat: Jenny Franz; Korrektorat: Silvano Loureiro Pinto; Übersetzung: Matthias Wieland; Lettering/Satz und Layout: Sarah Mast; Leitung Produktion/Grafik: Elke Epple; Leitung Vertrieb: Peter Sowade; Marketing: Jana Rahders; Druck: Hagemayer, Wien.

ISBN: 978-3-98743-012-1 | November 2022 | www.crocu.de

CUB HOUSE™